MBA
面试高分秘籍

关 昊 著

复旦大學 出版社

序 言

其实，想写本书的愿望已经有很久了。在从事MBA面试培训教育的十余年过程中，不断修改自己的教学内容和方法，不断面对新的挑战和问题，又不断自我体会和进步，这些都是促使我不断萌发出将MBA面试知识系统地写出来的原因。

我却一直没有将它写出来，这固然是因为懒散，知之不易，行之更难，但主要原因是：一来市面上并没有关于MBA面试的一套系统理论，觉得自己都是一些知识点的积累，算不上一个系统，徒增笑耳；二来是写出来生怕误人子弟，被人憎恨倒是违了我的本愿，积德不成反倒是烦恼缠身，更不愿见到世间多了一些无用之书。

王国维老先生说古今成就大事业、大学问者，必经过三种境界：初为"昨夜西风凋碧树，独上高楼，望尽天涯路"，再为"衣带渐宽终不悔，为伊消得人憔悴"，终为"众里寻他千百度，蓦然回首，那人却在灯火阑珊处"。经过七年的磨砺，终于在今年笔者将这些零散的知识点串通起来，却是顿时开悟，原来自己以前做的很多事情，冥冥之中却有天定，原来这些东西本来就在。

王阳明老先生提倡知行合一。这几年来通过各大院校的面试实战结果检验，这本书提及的知识点在实际教学中，确实能够有效快速地帮助很多学生获得一些面试的技巧和法门，实践也证明他们获得了优异的面试成绩。这些学生也经常鼓励我将我所知的写出来。怎么将商学院中的各门学科糅杂起来，帮助学生快速地了解和掌握，这成了我的负担。

所以，笔者终于开始了本书的撰写，将自己多年实际教学经验，结合自己所学，尽力呈现给各位读者。如果能够帮助各位读者获得理想院校的录取通知书，这固然实现了本书的用途；但本书的真正用意是期望能够和各位读者有思维上的碰撞，看山不是山，看水不是水。

本书共计四大章节，分别是思维的训练、组面的艺术、个面的艺术和英文面试技巧。除却英文面试技巧的内容相对独立，多为应试技巧之外，剩下三个篇章（模块）确是用心良苦。

思维模块是组面模块和个面模块学习的经脉，掌握思维的方式对于快速构建组面模块和模块学习的构架有很好的帮助；组面模块的学习内容是进一步学习个面模块的基础。其实，无论组面还是个面，都是基于信息吸收的前提下，组织自己的知识，再输出信息的过程，所以这三个模块是相互啮合的。但是，如果读者的时间精力有限，根据报考院校的面试要求，直接选择相关章节进行学习也是完全可行的。

同时，本书的附录中含十个实际企业案例，供各位读者进行实战模拟时使用。

读者可以关注微信公众号：**勤思昊学**，从而获得最新资讯和案例参考答案。

现在就让我们一起打开它吧。

▼ 章节结构

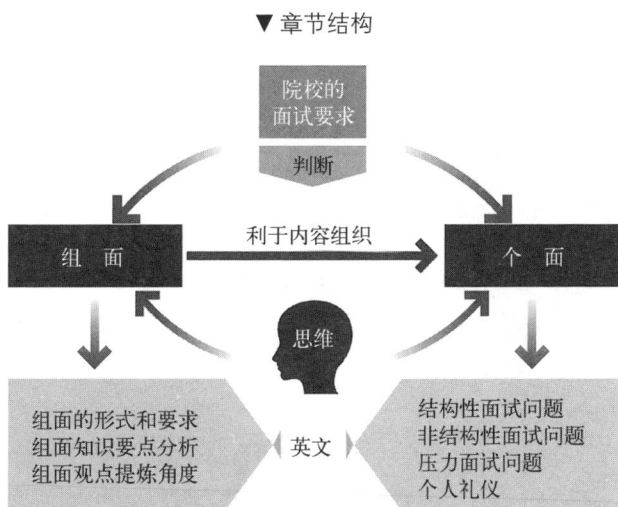

目　录

第一章
Chapter1

思 维 的 训 练

每个人都能产生直觉，但是要产生高层次的直觉，需要不断训练从而达到一定的悟性，悟性的提高需要一定的知识和经验的积累。

如果读者的目标只是为了快速完成"如何做好组面和个面"的学习，从而通过MBA、MPA等专业硕士项目的入学面试，那么建议你可以直接从第二章开始阅读。当然，还是期望你能够在学有余力的情况下将本章看完，因为这一章才是笔者在从事面试辅导课程多年的过程中结合自己学习体会最精华的部分。

第一节 ▷ 思维及思维在面试中的重要性

学科的分类目前基本上是分成自然科学、社会科学和人文科学。自然科学的最高境界是数学，人文科学的最高境界是哲学、宗教。笔者本科阶段学习的机电专业属于自然科学，硕士阶段学习的MBA课程属于社会科学，博士阶段学习的属于人文科学的范畴。**人一生的不同时期，都会由于生活经验和知识的积累，而进入到不同的领域进行学习。**牛顿晚年沉迷于神学并不完全是出于信仰，而是由于在当时人文科学的主要服务对象是宗教而已。"三十而立、四十不惑、五十知天命"大概是这个意思。

笔者在长期的培训和被培训的过程中，渐渐感受到，学习可以分成技能、知识和思维这三个层面。**技能较为强调手眼合一，知识则强调知行合一，思维方面的训练则很少在本科和硕士层面进行，**中国目前的本科和硕士学科建设还是以知识为主，通过知识的体系来实现一个人的专业性。其实，思维的训练才是能够将各个学科进行通视的基础，也是学习技能、知识的快速法门，对于一个人的成长具有提纲挈领的作用。但是一个人直接学习思维，而没有知识和技能的积累，是不切合实际的，往往不能够体会到思维的奥义。

"腹有诗书气自华"，我们常常听到这句话。我们在职场中也经常会听到一个词——"气场"。那么，这个气场来自哪里？笔者长期观察大量的面试学生，在个人面试中根据他的成长背景和学习经历，体会学生的思维方式，总结出了气场其实是思维方式的外相的结论，气场是一个人的思维在外部的"藏象"[1]。而在面试过程中，老师对你评价最直观的就是"感觉"，感觉的就是你的思维方式，这就是我为什么在本书的第一章，首先要讲述思维应该如何训练和转变。

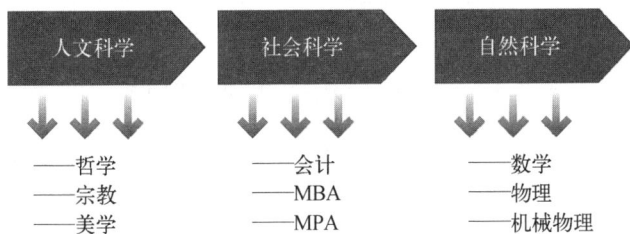

人文科学	社会科学	自然科学
——哲学 ——宗教 ——美学	——会计 ——MBA ——MPA	——数学 ——物理 ——机械物理

思维可以被训练和转变吗？关于这个问题其实有蛮多争论。稻盛和夫先生赞成人生首先应该积极地训练自己的思维。他著名的成功方程式中具有三个要素，分别是思维方式、能力和热情。按照稻盛和夫先生的解释，能力主要指先天的智力和体力，包括健康、运动神经等，属天赋条件，自己无法决定；热情是指一个人的坚持和专毅的程度，和他自己投入的能量相关；只有思维方式是稻盛和夫先生极为强调的，因为思维不仅仅决定了方向而且

---

[1] "藏象"二字，首见于《素问·六节藏象论》。藏，指藏于体内的内脏；象，指表现于外的生理、病理现象。

可以训练提高，但是能力和热情只能决定程度。"南辕北辙"的故事想必大家都知道，人成长中的方向是由思维的方向所决定的。

当然，也有一些悲观的故事来说明人的学习能力和思维能力其实有一定的"器"的属性。例如，南怀瑾先生就提到一个故事，"五十年前王守仁[1]，开门即是闭门人"。即是说，王阳明（本名王守仁）在江西为官时到一个庙里去，参观这个庙的时候，发现有个房间锁着。他问和尚，你这个房间为什么锁？和尚说，过去有个老和尚闭关涅槃了，死在里头，吩咐锁着不准打开。王阳明一听，有问题啊！他觉得这个庙有怪事，要求打开！那和尚说，绝不能打开，我们两三代的祖师都吩咐过，不能打开这间房。王阳明越听越奇怪，发下命令必须打开。结果打开一看，一个骷髅打坐在那里，前面桌子上有个条子，写着"五十年前王守仁，开门即是闭门人"。这故事就是说人的学习能力和思维方式其实是天生的，后天只能是去尽量装满这个容器。当然，笔者通过自己的实践和教学的经验，倾向于人的思维是可以被训练和提高的。

那么，什么是思维？我们在日常生活和工作中，无时无刻不接收信息，然后根据自己的判断，将信息处理后形成了新的信息，并且将其传递。当然，产生判断的方式可能是经验和

---

[1] 王守仁（1472 年 10 月 31 日—1529 年 1 月 9 日），汉族，幼名云，字伯安，别号阳明。

直觉（非知性逻辑判断），也可能是具体的数据支撑（形式判断），也可能是过去具体相似实例的影响（取象比类和合理外推）。这里存在三个构成成分，是"信息""判断处理信息的方式""处理后的信息"，其中**判断处理信息的方式就是"思维"，处理后的信息是"思想"**。所以，思想是有好、坏之分的，但是思维没有好、坏区分，但是有高、下之分。人的生活，无论是工作、学习，都受到自己思维方式的影响，因为这是他处理信息的不二法门，所以思维在很大程度上决定了一个人的性格外相和工作方式，当其思维方式逐渐成熟形成一个体系的时候，我们就称呼此思维体系是一个人的世界观（人生观）。我们常说一个人的世界观是不断变化的，其实是承认一个人的思维体系是可以不断改变和丰富的，这也就从侧面证明了思维是可以被训练和提高的。

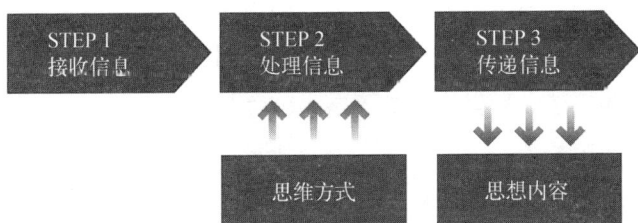

思维是如此的重要，如何训练一个人的思维，训练思维的方式又是怎样的？社会上也有一些相关的课程，如思维导图等，但是这些课程存在一个很大的弊端，就是这些课程其实是将思维知识技能化，用传送具体技能的方式来实现思维的提高。这样的思维训练固然有一定的效果，但是对于一个人的思维提升还是治标不治本的。

那么，思维应该如何训练的？

奚洁人教授是笔者的博士生导师，在给笔者上课的时候，第一堂课是要求阅读毛主席的《为人民服务》《纪念白求恩》《愚公移山》后，来表达自己对于这三篇文章的看法。初接到这个博士作业有点轻视——一来这三篇文章本来就是初高中的课程；二来文章的字数也不是很多。但是，细思下来觉得这个任务很是艰巨，因为文章的字数本来就是不多，而且文章的主旨也非常清晰明显，如何表达自己的看法并跳出框架，来实现所谓的水平就成为一个难题。

以《愚公移山》为例，笔者将《愚公移山》文章的背景、任务、目标作为起手；然后分析为了达到这样的目标所采用的文章结构和用词；再次分析这样的结构用词和受众的结合特征；最后说明这样的宣传工作的方式方法对于我们目前工作的借鉴意义。这样的四步法，我自我感觉还是比较良好的。

但是，奚老师在课程中反复地训练我，**首先找到这个文章中涉及的主体，观察干涉主体的要素分别是什么，通过这些主体和影响要素得到的意见和观点；再次找到这些主体之间的联系，观察主体之间联系的时间过程，通过这些联系得到的意见和观点；最后尝试找出这些影响因素的共同点和不同点，将这些影响因素适度地外延找出和其他非系统内主体的关系。**也就是说，老师更关注我思考的步骤和方式，而不是具体的内容，这点对我的冲击非常深刻。

　　所以，思维的训练一定是自我的不断思考，初期思考需要遵循一定的法则，到后期则尝试将不同的法则进行融合。在中国的佛学、道家中都强调人如何能够摆脱苦欲，而彻底摆脱苦欲的法门就是提高自己的思维高度，提高思维高度的方式居然都是静坐沉思，其中在佛教的"道谛"[1]中强调的"三学"[2]中的定学讲的也是思维训练需要不断自我思考。当然，作为一个社会人我们不可能都去打坐静思，其实我们也完全可以通过读史、看电影、旅游等方式来实现自己思维方式的提高，在这些活动中如果能够体会作者、导演的用意，了解当地文化的形成，这些本身就是最好的思维训练。

　　这样的思维训练使笔者受益无穷，这也是本书在面试课程中反复提及思维三部曲的来由，这个思维的应用方式贯穿了对学生组面和个面的整个课程，是长期面对学生辅导面试过程中被接受和认可程度较高的一个系统思维方式。这思维的三部曲是：

> ● 首先对问题本身进行分析，知其问题的必变、所变和不变，这个步骤是对问题本身进行剖析，对形式

---

[1] 佛教用语，即苦、集、灭、道四谛。苦为生老病死，集为集聚骨肉财货，灭为灭惑业而离生死之苦，道为完全解脱实现涅槃境界的正道。

[2] 佛教教义，指学佛者必须修持的三种基本学业，即戒、定、慧。

思维、质测方法的应用；

● 然后是将这个问题上升到一般规律的高度，找出个性问题到共性特征的过程，这个步骤是归纳和演绎的应用；

● 最后是找出这个一般性规律（问题）和其他事物之间的广泛联系，这个步骤是局部和整体的应用。

1. 问题本身　·形式思维
·质测方法

2. 一般规律　·归纳
·演绎

3. 广泛联系　·局部
·整体

　　这样的思维训练在面试课程中，不同的学生由于自己本身的思维程度和社会角色不同，接受的程度是不同的。笔者在不同学校的预面试群体开展了思维方式的课程，收到学生的反馈评价差别很大，所以笔者对于在本书中是否以本章节为起手是存在一定困惑的。

　　但是，本书或者说面试课程的意义不仅仅是为了面试本身，而应该试图为学生将来的生活和学习做一些提升，所以本书还是以本章节开始。我们也很欣喜地看到一些同学在后期的生活中实践了这样的思维方式，并且对这样的思维方式表示了赞赏，这些因素都是笔者乐此不疲地将这些告知给大家的动力。当然，接下来的章节会将组面和个面的具体要点解构出来，用知识的方式把

这些内容清晰化、简单化，利于读者的吸收。

笔者仍然想提醒读者，**如果读者掌握了一个较高的思维方式，对于"术"层面的内容掌握起来不但非常的容易，而且通过自己的创造会显得更具有魅力**。在培训和被培训的过程中，如果完全听懂并记忆了一个老师的讲话，其实只是一个好学生而已；如果完全没有听懂，其实从时间成本上而言，不如去做其他的事情；如果听了其中几句话，感觉心有戚戚焉，将这几句话应用到你的生活中，变成你思维体系中的要点，这就是大师的源头吧。笔者感觉对自己的生活有一些影响的是诸如《论敦煌僧尼的收入等级制度》等讲座，而不是具体的某个商业大亨的讲座，是因为通过将一些人文类别讲座的只言片语为自己所用，可以不断丰满自己的思维体系。所以，本书在实际阅读中有两种阅读方式：一是直接从第二章开始，即是从"战术"的层面理解面试；二是从思维方式的第一章起手，即是从"战略"的层面掌握面试。读者可以根据自己的精力和时间来选择不同的阅读方式。

思维的方式有很多种，如归纳、演绎，定性、定量，局部、整体，辩证、形而上学等，为了更好地应用这些思维，笔者按照思维的主要应用的三个场景来进行分类，分别是经验思维、管理思维和兵法思维。这三大类别基本上涵盖了日常生活和工作的场景，便于读者理解和学习。经验思维是认知世界的基础，对于读者更好地认知世界有很好的帮助，同时经验思维的历史观对于学生组面时解读案例有很好的启迪意义；管理思维中的过程性思维和结构性思维是本书重点，也

是面试的主要思维学习重点；兵法思维中的比类、运筹、博弈思维方式在面试中也较为常见，正所谓"商场如战场"。在下面的章节我将会分类结合面试要求进行阐述。

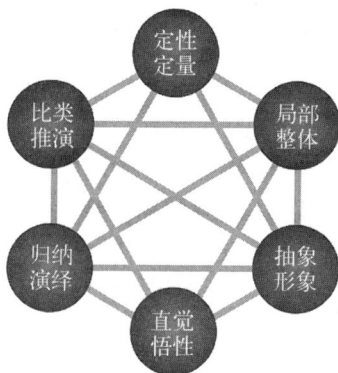

第二节 经验思维及经验思维在面试中的应用

经验思维是人认知世界的基础，是一种非知性的思维方式。中国人尤其重视经验思维的应用。这是一种基于直觉和悟性对于世界万物的理解，从而通过模糊的方式得到一些切实的结论。"此中有真意，欲辨已忘言"正是这类思维方式的具体体现。

当然，西方也较为广泛地应用这类思维方式，如在天文学和

量子力学领域，很多命题都无法用具体实验进行验证，而是采取一种所谓"思想实验"的方式进行，其实这也是一种经验思维的应用，属于由此及彼，不同领域之间的联想和关联。从某种意义上而言，其实自然科学的发展就是经验思维的应用史，人类科学的发展正是通过直觉和悟性，不断在新的领域中提出新的命题，通过科学手段以质测方式[1]来论证。人类正是通过以经验为素材，对事物的发展进行判断，从而实现了触类旁通，往往在科学不能定义或者反映真理的时候，经验思维是科学的重要补充和动力。

经验思维中的直觉和悟性对于中国的历史观和文化观有很大的影响，形成了中国人特殊的乐感文化[2]和道德观，最重要的是导致了中国传统社会的治理方式一直是"德治"，而非"法治"。

这种思维方式影响了中国人对于历史的态度。中国人重视历史，试图通过历史的阅读来掌握历史趋势和规律。中国人的历史观尤其厚重，关注时间维度上事物的发展，通过时间维度上事物的变化来预测未来的趋势。中国明代的浙东学派在这个方面较有建树，其中金华派以研究历史的人物为主线而著名，永嘉派以研究历史的制度为主线而见长，这些都是中国人尝试以经验思维来掌握历史规律和趋势的积累。当然，其实历史的主要驱动力是源自科技的创新和发展，由于科技的发展不具有趋势预测的特点，

---

[1] 中国明清之际哲学家方以智的用语。质，实物；测，观察、验证。
[2] 乐感文化是李泽厚先生于1985年春在一次题为《中国的智慧》讲演中提出的，指中国文化是使得人生命充满喜乐，生活充满感恩和乐观豁达的一种文化。

所以历史的趋势很难进行预测，但是历史的周期变化还是存在一定规律性的，所以历史在规律性的研究比较方面有所进展。

这种思维方式影响了中国人对于艺术的态度。中国的绘画讲究空疏之义，所谓画中有空疏，才有厚重和洗练，"虚空生白、雾失楼台"乃是中国绘画的奥义。中国南宋四大画家中的马远和夏圭，被称为"马一角"和"夏半边"，其中马远的

▲ 马远　画作

▲ 夏圭　画作

《寒江独钓图》较好地体现了这样的境界。中国的绘画和西方的绘画的重要区别就是在于空与满的对比上，当然中西方绘画还有很多区别，如西方印象派对于光和影、色与调的应用，不过这些是管理思维中西方人常见的解构型思维所致，所以不予讨论。同样，中国的书法也深受其影响，就书法中的结构和笔锋而言，其中书法结构上的主笔、分布，就是这种思维方式影响的结果。

这种思维方式还形成了中国人独特的乐感文化。中国人在历史观的基础上，对于事物的发展和变化形成了自己独特的意见，相信从"潜龙勿用"到"亢龙有悔"之间的转换，相信祸和福之间的界定转变。"塞翁失马"的故事正是中国人乐感文化的突出体现。这点和欧美社会受到宗教影响所形成的罪感文化，和日本社会受到生存资源限制所形成的耻辱文化有很大的区别。连2 500年前从古印度传入东汉社会的佛教都在中国衍生和发展中，产生了一些教义上的改变，形成了目前在中原地区较为主流的汉传佛教。汉传佛教和目前在东南亚国家盛行的南传佛教较大的区别就是在于，南传佛教强调人需要世世代代自我修行才能得到解脱，以渡己为目标，而汉传佛教则相信"放下屠刀，立地成佛"，鲁智深在钱塘江听潮后坐化，便是解脱。我们从佛教受到经验思维影响产生的变化，也可以观察到中国人独特的乐感文化。当然这种乐感文化讲究德的轮回和传承，不重视罪的传承，所以在中国传统社会一直是"德治"，而非"法治"。

这种思维方式在学生面试过程中也有很多的影响和应用，具体的影响和应用的方面如下：

（1）在组面的过程中，常常需要阅读案例。通过阅读案例后，学生表达自己的意见和看法。这样的面试方式在企业招聘和学校招生面试中广泛应用。经验思维对于读者的启迪意义在于，读者面对案例阅读的时候要关注时间轴的使用。

通常一个案例都是某一个企业在时间轴上发展和变化的一个故事。笔者在长期教学中，发现学生普遍存在一个问题，即是对于案例内容没有时间的概念，对于企业在不同时期的发展环境、资源和行为措施混为一谈，时而讲企业在某个时间段上的竞争环境，时而谈及企业在另外一个时间段上的具体措施利弊，这些情况比较严重地反映了学生缺乏一个历史观的概念，不能有效地区分过去、现在和将来这三个阶段。学生缺乏这样的历史观，即是缺乏经验思维的方式，就很难去判断**企业未来发展的趋势和总结发展规律。而这些内容正是在案例讨论中较为重要的主线问题。**

（2）在组面过程中，读者发言一般需要去论证一个观点；或者在个面中，老师一般比较关注你对于职业职能和行业的发展变化的判断。那么在这个过程中，读者很难在缺乏具体数据的支撑下，完整地论证自己的观点正确性。如果在这个过程中利用经验思维，**尝试采用消费者的感受、行业的其他竞争企业的事例、非相关行业的类似经验等方式来进行述说和论证，会很强地支撑发**

言者的观点。当然很多这样的感受、事例和经验其实从本质上和读者的观点之间缺乏有效的强逻辑关联，但是在口语发言中，一般人很难注意并且会忽略这个问题。

（3）在组面和个面中，一次有效的发言是由论点、论据和论证三个方面组成的。读者对于**论点的把握比较重要，根据经验思维的方式，任何事物都在发展和变化过程中**，对于利弊、祸福的转化，读者一定要有一个较为清晰的认识。无论组面还是个面中，单纯地针对某个事物或者企业发表较为极端的看法，很可能在后期的谈话中使得话者处于一个自相矛盾的局面。这对于面试官判断一个学生的思维成熟度有很大的影响。所以，我们在教学中要求学生形成"不一定"的思维判断方式，当然这也属于辩证思维的一种体现。

第三节 管理思维及管理思维在面试中的应用

管理思维是人在处理人和社会、自然和自我这三个层面关系时候的思维方式。这里管理的含义和外延比较广，不仅仅是MBA同学关注的企业行为，也不仅仅是MPA同学关注的政府行为。正是这样的外延广阔的管理思维，对于学生在面试时候的应用也是非常适用的。

思维方式的分类有很多种，思维方式在不同的分类标准中存在一定的重叠和交汇。管理思维在处理人和社会关系的时候，其实较多面对的内容是儒家思想的"仁爱德政"；管理思维在处理人和自然关系的时候，较多面对的内容是"无为而无不为"的道家思想；管理思维在处理人和自我的关系的时候，较多面对的内容是佛教思想。这就是中国"三教九流"[1]中的三教，其实"三教"是思维方式的体现，而"九流"是基于思维方式下的不同知识体系和价值观而已。

将管理思维和面试的内容进行组合关联，则按照过程性思维和结构性思维的方式进行分类和阐释比较便于表达。而且，**在学习的时候先关注结构性思维，然后再关注过程性思维比较适合**，因为过程性思维往往是建立在结构性思维所提炼出来的要素和主体在发展变化过程中的联系上的。

一、结构性思维

结构性思维是指在面对信息和事物的时候，将信息和事物进行梳理再构的思维方式。通俗地讲就是面对新的信息和事物的时

---

[1] 三教：儒教、佛学、道家；九流：儒家、道家、阴阳家、法家、名家、墨家、纵横家、杂家、农家。

候，抛弃不需要的信息点，将所需求的信息点和事物重新构建的过程。

中西方在结构性思维方面有较为明显的区分。可以用"庖丁解牛"的故事来说明中国人的结构性思维：在庖丁杀牛的后期，在他眼中只有牛的不同部件，和这些部件之间的关联。这个就是中国人结构性思维的最好说明。面对新的信息和事物，将事物组成的要素抽离出来，外部要素称为环境，内部要素称为研究主体，通过研究主体的组合形成系统，观察系统中不同主体的功能，再观察系统中不同主体的关系，最后观察整个系统在环境中的运作。《易经》中以"爻"为原点，二仪生四象，四象生八卦，八卦生万物。这证明了中国人的结构性思维是建构的过程，喜欢用系统论的方式来进行思考。

西方印象派莫奈的油画比较好地说明了西方人的结构性思维，他们擅长从具体信息和事物中抽离出几个要素，然后对这几个要素进行研究和论证，如光和影、色和调。西方人面对新的信息和事物喜欢抽离出要素后，进行概念化，研究判断条件后进行推理。这个思维方式建立在笛卡尔的"必须将每个问题分成若干个简单的部分来处理"的原则上，这种解构型的结构性思维方式，对于自然科学的发展提供了莫大的动力，是资本主义革命的原动力。

结构性思维对于面试的教学和学习有很深的影响，利用解构性的思维方式，在本书的第二章将组面的主要知识点进行了分类，将常见的案例讨论内容解构为十二种类型，分别是：经营战略、市场定位、品牌建设、组织变革、销售渠道、公关危机、绩效考核、兼并收购、领导风格、产业结构、企业文化和企业社会责任。这也是面试中组面课程的主要内容，我们将会在第二章进行详细的解释。

利用建构性的思维方式，我们要求读者在面对面试的时候，习惯于快速地抽离出事物的要素，然后将这些要素构建成系统，通过系统的方式来观察事物的结构，后期结合过程性思维，将结构中的主体要素之间的关系和发展进行论述，这是非常好的面试

阴阳式

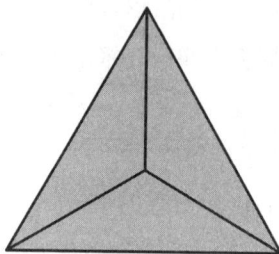

月令图式

五行式

八卦式

思考模式。利用建构性的思维方式所形成的系统结构，我们称之为思维构图。中国文化中常见的思维构图有阴阳式、月令图式、五行式和八卦式。

阴阳式强调系统中两个主体，相互依附和制约，在面试过程中关注二者的制约和依附关系。

月令图式强调系统中三个主体，三个主体互生互制。例如，面试过程中常常谈及的天时、地利、人和，点、线、面，快、准、狠。

五行式和八卦式相似，只是在系统中的主体数量不同，但是八卦式的思维构图更强调主体叠加后衍生出更复杂的系统。

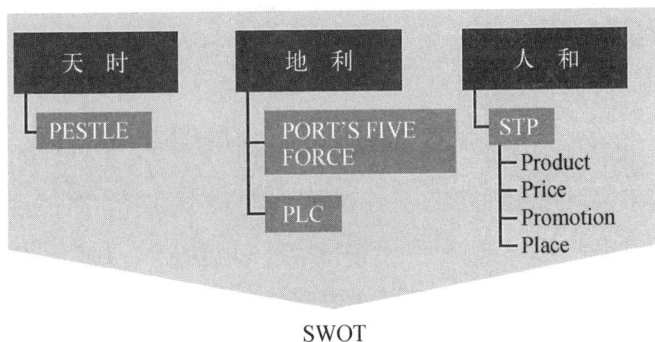

SWOT

注：
PESTLE 宏观环境分析工具
PORT'S FIVE FORCE 波特五力模型 行业环境分析工具
PLC 行业(产品)生命周期
STP 市场细分、市场选择、市场定位
SWOT 优势、劣势、机会、危机分析工具月令图式的思维构图在面试中普遍存在。我们常常开玩笑说可以不知道说啥，但是应该知道自己要说三点，这就是月令图三要素的长期训练的痕迹。例如，论证危机公关中的"快、准、狠"，和常常为学生所用的"天时、地利、人和"。"天时"在MBA的面试中常常要求学生谈及PESTLE，"地利"要求学生谈及PORT'S FIVE FORCE和PLC，"人和"常常要求学生谈及STP，最后综合利用"天时、地利、人和"三要素，进行SWOT的分析。这些都是月令图式思维构图在面试中的具体应用。

二、过程性思维

过程性思维是关注信息和事物发展与变化的思维方式，关注信息和事物中的要素之间的关联，关注信息和事物与其他信息和事物之间的关联，从而最终达到目的的思维方式。

中西方在过程性思维方面也体现得很是不同。面对目的，西方人的过程性思维体现在关注实现目的的最优路径，路径上的关键点，如何逐步实现路径上的关键点；通过概念、判断、推理来实现目的，这种链式思维是非常典型的形式逻辑思维方式。但是，中国人则不同。笔者在法国留学的时候，图书馆晚上过了九点后，主门就关闭了，学生回宿舍要绕很长的回廊，外国学生都是研究如何快速通过回廊，但是中国学生则选择了直接跨过窗子回到宿舍。这就是中国人的过程性思维方式的具体体现，中国人喜欢研

▲ 西式

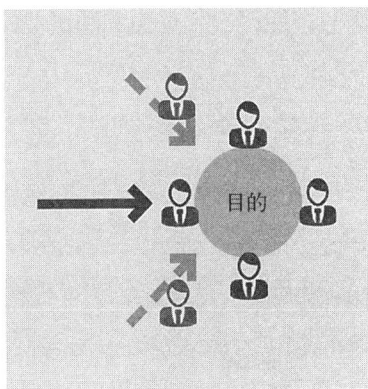

▲ 中式

究实现目的的不同路径，比较不同路径的利弊和优缺点，从而达到自己的最终目的。

这种过程性的思维在面试中的应用也较为广泛。在结构性思维的基础上，对于要素联系关系的关注，如结构性思维中提及的"天时、地利、人和"这三个要素之间是如何影响的——"人法地，地法天，天法人"。可以将这三个要素进行企业的具象化，对于企业的实体要素"人、财、物"，对于企业的管理要素"权、责、利"，研究这些要素是如何关联和分配的。例如，点、线、面这三个要素在营销案例分析中是如何体现的，我们常常认为对于一个企业而言，关键"点"是掌握企业的核心竞争力是什么，"线"是企业为了支撑自己战略而采用的具体战术方法，"面"是企业为了实现自己愿景而采取的战略措施。如果读者能够对这样的思维方式有所掌握，那么在面试的时候，就能够很好地组织自己的语言，取得一个理想的面试成绩。

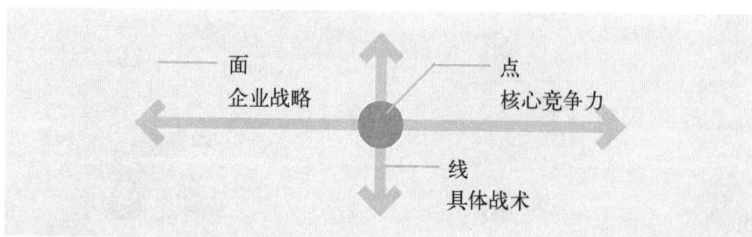

企业战略
竞争角色 垄断、挑战、补隙、跟随
竞争战略 低成本、差异化、集中化

企业战术
支持性 基础设施、财务、人力资源、研发、采购
业务性 后勤、生产、物理、销售、售后、市场

核心竞争力
企业在一定时期无法被其他竞争者模拟或者超越的竞争优势

第四节 兵法思维及兵法思维在面试中的应用

兵法古有《孙武兵法》和《孙膑兵法》，分别是春秋时吴国人孙武和战国时齐国人孙膑所著。后世人整理所得有《兵法要义》。在《兵法要义》中著名的"三十六计"共六套计谋，每套计谋又分六计，合计三十六计。其中兵法又分"正兵"和"奇兵"两个部分。按照《唐李问对》的说法，向前，谓之正；后却，谓之奇。而

从功能上区分，正兵在于致远制敌，奇兵在于近诱致敌。

通俗地说，正兵是通过大量的实战进行经验的总结，得出一些一般性的规律应用于其他战斗中，如安营扎寨的位置、部队进退的次序、兵种之间的相生相克。也就是首先尽可能集中实例，进行整理后，找出实例的一般性规律，此谓之取象比类；然后将这样的规律应用于其他不可知的战斗中，最大可能地提高战斗的胜率，此谓之合理外推。西方的归纳和演绎的思维和这个思维的定义非常类似。

所谓奇兵，乃是在正兵的基础上，通过经验思维的作用，分析对手的行为和思路，采取的一些非规律性甚至是颠覆性的计划和安排。汉高帝二年(公元前205年)，韩信的"置之死地而后生"，采用背水列阵（兵家之大忌）战术大胜赵军，以少胜多的例子就是奇兵。

奇兵和其他思维方式最大的不同是，它的思考主体不是一个，而是存在两个以上的竞争者，这些主体基于竞争的关系采取相对应的措施，所以奇兵是博弈和运筹思维的演化。运筹是指对资源进行统筹安排，为决策者进行决策提供最优解决方案，以达到最有效的管理，诸葛亮最擅长做的事情就是运筹资源；博弈是指在多决策主体之间行为具有相互作用时，各主体根据所掌握信息及对自身能力的认知，做出有利于自己的决策的一种行为理论，"田忌赛马"就是古代人在博弈中的一个成功案例。

商场如战场，目前的商业竞争中利用比类、运筹和博弈思维的案例比比皆是，**在面试过程中，尤其是组面过程中，如何保障自己的发言时间和轮次，如何根据组面的组员表现选择合作伙伴，这些对于面试者取得一个好成绩是非常重要的**，这部分的内容会在第二章中具体分析和应用。而且，正兵中的归纳和演绎的思维，尤其应该得到面试者的重视。笔者在长期的面试教学中，发现这类思维很容易被面试者运用到谈话技巧中，较快地提高自己的面试成绩，这也是笔者在整体面试思维三部曲中第一步和第二步之间的思维支撑，即如何从具体的问题中找到一般性的规律，从大量的个性问题中寻找到共性要素，并且给予总结和解决。

在接下来的章节中，我会将组面、个面中的要素进行抽离，在第二章和第三章进行分析；考虑到目前部分高校面试过程中的英文要求，将会在第四章对此进行简述。同时，为了更好地训练读者的思维，在本书的附录有较多的案例供读者进行阅读和思考。

第二章

Chapter 2

组 面 的 艺 术

　　面试是一种经过组织者精心设计，在特定场景下，以考官对考生的直接观察为主要手段，由表及里测评考生的知识、能力、经验等有关素质的一种考试活动。面试是公司、学校挑选员工和生源的一种重要方法。面试给双方提供了进行双向交流的机会，能使双方之间相互了解，从而促使双方做出正确的选择。

面试的形式主要分为组队面试和个人面试两种。

组队面试简称**"组面"，是指采取群体对某个话题的集中性讨论，通过讨论过程来观察个体行为和特征的面试形式。**组面目前在企业招聘和学校招生中广为使用，很多知名的企业如微软、通用电气等，在员工入职招聘的时候都采取了这样的面试形式来考察员工；专业硕士的入学考试目前也广泛采取这种形式来考核学生的潜质和能力，复旦大学、上海交通大学等知名学府都在专业硕士的招生过程中，通过提前面试环节提前锁定优质生源。**组队面试重点考核的是面试者的团队协作和快速融入团队的能力。**

个人面试简称**"个面"，是指采取面试官和面试者面对面的交谈，通过面试者的回答内容和现场情绪、动作的综合反馈，使得面试官形成对面试者的直观感受并给予评级的过程。**个面目前已经是企业、学校在招聘和招生行为中必经的环节。对于企业和学校而言，**个人面试重点考核的是面试者的个人素养和思维水平。**

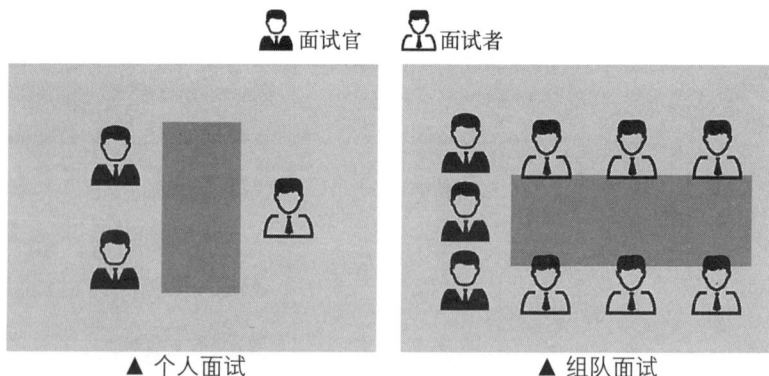

▲ 个人面试　　　　　　　　　　▲ 组队面试

　　当然，企业和学校在选材的时候，关注点有所不同，关注点相同的环节侧重点也有所不同。例如，企业面试会比较关注面试者的专业技能是否和岗位合适，而学校面试比较关注面试者的专业技能是否符合社会发展的潮流；企业面试关注面试者的职场忠诚度，而学校面试更加关注跳槽的经历对于面试者的职业生涯成长是否有利。不过总体而言，企业和学校选材的至高评价标准都是"感觉"，就是在本书第一章中已经提及的思维方式的外相，因为思维程度较高对于掌握新技能和知识、熟悉新的岗位都是很有帮助的。

　　本书的整体脉络就是通过具体的知识点的学习，借助组面和个面这两种具体的形式来帮助读者更好地训练、提高和表现自己的思维方式。本书在第二章对组队面试的内容和要素进行分析，在第三章对个人面试的内容和要素进行分析，结合第一章思维训练的内容，读者可以较为轻松地应对企业和学校的各种面试。我们这里介绍的内容都是通过多年的实践教学和面试实战得到了实证，成熟后才与读者分享。

　　本章的主要内容是针对组面的形式和要求、组面知识要点分析、组面观点提炼角度这三个部分对组队面试进行解释。读者可以首先了解组面的形式和要求，知晓组面的一般性规则和评价标准；其次，了解如何解读组面的载体（案例），如何对案例进行深度剖析；最后，如果在组面过程中要求形成一些文字性的资料，如何能够快速地提炼观点并且将其呈现出来。

多年的教学实践证明，组面是完全可以在较短的时间内通过培训实现质的提高的。本书限于篇幅和结构，仅对组面的内容进行剖析，而对组面的教学方法没有涉猎，这点请读者谅解。对比教学实验证明，组面的提高仅仅通过内容传授是不够的，现场的模拟和教学互动非常重要。

第一节　组面的形式和要求

研究组面涉及四个主体：组面规则、组面队友、组面案例和评价标准（解构思维的应用）。

一、组面规则

组面按照讨论角色的机会是否平等的标准，分为无领导小组讨论和有领导小组讨论。

企业中发生的讨论大多数属于有领导讨论。虽然很多企业很崇尚所谓的头脑风暴之类的游戏，但实际上由于中国文化中对于阶层的天生敬畏，在企业中很难实行真正的无领导小组讨论。在企业招聘和入学考试的时候，由于面试者的地位均衡和机会平等原则要求，因此基本上都会采取无领导小组讨论的形式。但是，一些崇尚"狼性"的企业仍然会采取有领导小组讨论，通过组面的过程来观察被选材者的欲望饥渴程度。不过，这种面试方法已经随着企业管理水平的不断提高而很少有企业采用，因为事实证明，擅长合作的人永远比擅长竞争的人更有竞争力，毛主席的"群众路线"就很好地说明了这点（经验思维的应用）。

无领导小组讨论中最关键的要素有两点（解构思维的应用）。**第一个关键要素是"无领导"，所谓的无领导，是指没有一个面试者在面试过程初期就获得具有支配其他面试者的权力。**也就是说，尝试通过言语控制其他面试者的行为，被视为违反了组面面试规则的原则性标准。

但是，我们在实际教学过程中发现，组面中往往会由于个别面试者的思维水平超越其他面试者过高，造成在无领导小组讨论中出现一个实际以自己的思维控制小组面试走向的角色。这样就导致在无领导小组讨论的面试过程中出现了领导者，该角色的出现对于全组最后成绩的评定有极大的帮助。

无领导小组讨论的**第二个关键要素是"讨论"，也就是说，这场组面最好是以讨论的方式进行，而不是单纯的轮次发言。**讨论气氛的出现对于全组评定成绩也具有极大的帮助，但这里我们比较重视的是面试者自身的收益，所以面试者不需要刻意用形式来营造讨论气氛。

组面中的利益分配问题很值得被面试者关注，最终被面试者的利益就是其组面的评价成绩。这个成绩的获得和评价规则有很强的关联，关于评价规则在下文中会具体阐释，我们这里主要讨论组面中利益分配的规则。组面过程中，绝大多数企业和学校除非是在采取差额面试，最后轮次一定要产生人选的时候，才会选择"零和游戏"的规则。在"零和游戏"的组面规则下，面试者不仅仅要考虑自己的思维发挥水平，同时更重要的是限制其他选材者的发挥（博弈思维和运筹思维）。但是，在这样的游戏规则下，组面的组员分配的随机性会造成很大的不公平性，所以在学校入学面试中基本上都不采用这种方式。这就是说，在组面中的游戏规则往往是"双赢游戏"，如果整个团队的其他面试者发挥优异的话，造成全组的气氛良好，对于全组的整体成绩都是很有帮助的。**在这样的游戏规则下，面试者选择合作比选择对抗要更为聪明一些。**

强调合作并不代表被选择者要放弃自己的利益。在组面面试中，最重要的利益就是"时间"。面试者一定要想办法保障自己的发言时间。请读者注意的是，在实战中，发言时间是一个伪规则，因为很少院校具体记录统计每个发言者的累计发言时间。这里需要面试者关注发言轮次和频次，保持自己的发言热度。具体适度的热度感觉，可以通过组面老师的指导来体会。这属于具体的教学方法，此处不予讨论。

二、组面队友

组面队友是指在面试时通过随机分配，和面试者同时进行面试的人员。人员的数量由于各个企业和学校的要求不同而略有不同，基本上控制在6—8人。这样的人数规模控制是符合一定的心理学和博弈论理论的，我们这里不讨论，单纯地接受这样的形式就可以了。

现实面试中组面队友的素质往往相差较大，对规则的理解和思维的水平参差不齐。组面队友的发挥对于被面试者的影响极大。经过我们教学中的评估统计，平均100名参加专业硕士面试组面的学生中，仅有不超过10名学生具备影响全组讨论的走势的能力，也就是说，绝大多数的面试者都是需要团队配合才能较好地发挥出水平。这就使得同一名学生的组面成绩在某些程度上具有一定的随机性。我们在现实教学中，曾发现同一档次院校在预面试中对同一学生的组面成绩差异极大的情况。但是，连续几年的对比数据证明，组面培训可以使得学生获得优异成绩的概率大大提高。

正是由于组面队友对被面试者的影响程度很大，所以在组面面试中对于组面队友的呼应和结盟显得尤为重要（博弈思维的应用）。在组面规则中我们已经提及，组面队友之间存在一定的竞争关系，但并不是完全的零和游戏，所以**被面试者应根据组面的形式，迅速地判断出在这场组面中不同组面队友的角色**。这种角色并不是通过所谓的权力的指定进行的,而是通过组面队友的思维碰撞,通过思维的高下之分决定的。

我们将组面中的角色分成领导者、呼应者、沉默者和搅局者。

领导者:无论在无领导小组讨论还是有领导小组讨论中,通过组面都会自然或者法定地产生。尤其是在无领导小组讨论过程中,表面上不存在法定的领导,但是由于思维的活跃程度不同,导致小组在讨论的中后期,可能会出现具有话语权的角色,这个角色就是领导者。该角色在实际组面过程中不一定会出现。

呼应者:在组面面试过程中,是绝大多数面试者的角色。通过组面培训可以迅速地将被面试者提高到一个高水平的呼应者角色。呼应者的呼应技巧和自身的发言内容决定了其最终的成绩。

沉默者:在实战中往往也会出现不说话的人。绝大多数产生该角色的原因是面试者本身的思维水平限制,无法组织内容发表言论导致的被动型沉默;当然,也存在一些被面试者由于误解了面试的规则,按照"沉默是金"的企业会议原则导致的主动型沉默,目前这类主动型沉默已经很少见了。

搅局者:该角色的出现,绝大多数是受到不正确的信息误导,认为通过话语的限定或者挑战的语气,可以获得更好的关注度,而采取一些极端行为。该角色干扰了全队组面的正常进程。

该角色主要表现在用语言命令队友，喋喋不休地重复一个观点的方面，属于明显的畸形因子。历年面试的真实经验告诉我们，该角色即使在一流院校的预面试组面环节出现的概率也是极高的。所以，接受面试培训在这几年由于专业硕士的选材标准的变化，已经从可选课程变成了必修课程。

针对队友的角色判定，接下来采取的呼应、结盟措施比较复杂，并且因人而异，学生主要是通过具体的实战演练和老师的现场指引来体会，该部分的学习不能通过单纯的知识灌输。我们在此指出一个共性原则供读者参考：**"忽略搅局者、帮助沉默者、呼应领导者、联系呼应者"**。

三、组面案例

组面的过程需要团队互相配合探讨一个话题，这个话题一般较为开放，对于这个话题讨论的角度可以较为灵活。很多时候，为了更好地考核面试者的思维水平，需要使话题包含的信息更加复杂化一些，而承载这个信息的载体一般是一个具体企业案例。这样才更好地体现组面是一个完整的信息吸收、判断分析信息和输出信息的过程，是思维方式表现的一个过程。

企业和学校筛选人才的时候，案例往往和企业的业务和学校的专业方向相关。在MBA面试中，案例一般是某个企业（一种产品、服务）的发展历程，但同是MBA项目，案例的选材方向也有所不同，例如上海财经大学的案例会涉及一些宏观货币政策，复旦大学的案例会涉及一些企业社会责任，这些都是不同的院校选材倾向性不同造成的。

案例的长度既要满足一定信息量的要求，又受到面试组织者的时间成本限制，所以基本上都被限制在一张A4纸的篇幅范围内。而且，越是热门的企业和院校，对于阅读的时间控制得越是严格，对于被选材者提取信息、组装信息、发表信息的速度要求越高。

为了更好地限定组面的讨论方向，并且从某种程度上降低案例讨论的难度，很多案例都是有问题需要面试者回答的。这些问题基本上围绕亚里士多德的"我是谁""我来自哪里""我将要去何处"进行组织。**以MBA项目为例，基本上是围绕企业的过去核心竞争力、现在核心竞争力和如何构建未来核心竞争力开展的。**组面中是否要完全针对问题开展讨论，每个院校是略有差别的：比较务实的理工类院校可能侧重于具体的方案和措施，甚至要求在组面的最后阶段，团队形成一个统一的结论；文科类院校则可能侧重于考查学生的思维发散程度，并不在乎面试者是否对答案形成一个统一的结论。针对这些院校不同的招生要求，在有关组面的具体实际课程中，会采取教学的方式进行传输。

组面案例讨论的知识涉及面较广，以MBA项目为例，组面者可以就宏观经济学、微观经济学、市场营销学、战略学、运营管理、企业信息系统等方面的内容进行讨论。本书将会通过视点

结构教学模式（Teaching of View Point Structure）的方法
（解构思维在教育行业的应用），对案例的讨论内容进行剖析和
抽离，抽离出来的方向既要相对独立、范围不互相重叠，又要能
够较好地全面覆盖所有讨论方向。笔者经过不断分析、尝试和教
学实践，形成了组面十二种案例讨论要点的体系。经过历年学生
面试的实证和一些工作单位专业HR的反馈表明，这套讨论要点
体系已经比较成熟，我们会在本章的第二节进行详细的解释。

四、评价标准

可能每个企业和院校的组面的具体评价标准都有所不同，很多
面试者非常愿意找到所谓的评价标准来校对自己的行为，但是这受
到面试组织者的保密工作限制，往往是不能实现的。那么，我们如
何掌握这个标准？在第一章已经谈及面试者对于被面试者的评价的
标准其实就是"感觉"，就是对被面试者的思维方式的整体评估。

在组面过程中，面试官是通过什么维度来衡量被面试者的水平

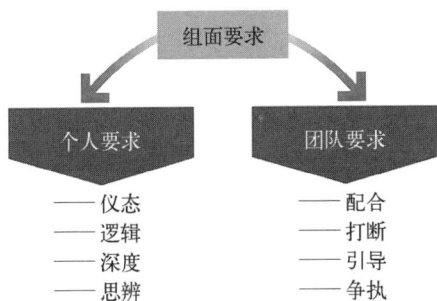

组面要求

个人要求
——仪态
——逻辑
——深度
——思辨

团队要求
——配合
——打断
——引导
——争执

高低？笔者收集了部分知名高校和企业的组面得分标准，将这些标准进行对照后，发现其实考核的要素非常类似。但是，在实际教学中并不能简单地将这些标准进行罗列，因为标准不能被读者理解和学习，就不是好的教学要点。经过经验分析和教学实证后，我们将组面的评价标准分成个人标准和团队标准这两个维度进行描述。

1. 个人要求

个人要求是指面试者在组面过程中，对于自己个人的要求标准，这些要求仅仅涉及面试者自身。个人标准有四个要素，分别是仪态、逻辑、深度和思辨。

➡ 仪态

这里"仪态"是指面试者在组面交流过程中的仪态特征和动作表情的合称。通过长期的教学经验总结，我们要求面试者做到**"抬头、点头、微笑、环视"**这四点：通过抬头体现自信，保持良好的发言姿势；通过点头实现和其他面试者的肢体互动；通过微笑实现和其他面试者的表情互动；通过环视争取到更多的发言机会和团队支持。仪态对于被面试者的最终成绩的影响极大，通过对比教学实验，我们发现在这个标准上完成较好的同学，组面成绩优异的概率远高于对照组。

➡ 逻辑

这里"逻辑"有两个含义：一是指被面试者在输出信息的时候的表达方式具有并列、推演、递推等语言顺序；二是指被面试者在**输出信息的过程中观点明确、论证完整、论据清晰**。关于逻辑有一个故事，能够很好地帮助读者理解逻辑的本质。

> 　　A君和B君在聊天，看到C君，A君和B君对于C君的出现非常感兴趣，他们猜测C君的职业。A君主动去和C君攀谈起来，询问C君的职业。
>
> 　　C君表示自己是一个逻辑学家，A君疑惑不解地问逻辑学家是做什么的，C君没有直接回答，而是反问了A君一个问题："你家里养金鱼吗？" A君表示家里养金鱼，C君连续追问了一系列的问题："那么你家里是不是有个池塘？是不是有个大花园？是不是有个大房子？是不是有很多孩子？" A君表示确实都有，C君最后说："那么你一定有很美满的性生活。"
>
> 　　A君恍然大悟，逻辑是这么回事。回到B君的身边后，A君告诉B君，C君是一名逻辑学家。B君问了同样的问题，逻辑是什么？A君问B君："你养金鱼吗？" B君表示没有养过，A君意味深长地告诉B君："那么你没有性生活。"

　　这个故事告诉我们，表面上逻辑的形式很容易被人掌握，但是其实逻辑的内在关系很难把握。逻辑思维和经验思维，和管理思维的过程性思维、结构性思维都有交叉，对于读者而言，在训练思维的过程中，逻辑思维的训练是不可或缺的。通过案例的实战模拟来实现面试者的逻辑提升，属于教学方法的范畴，本书不予涉及。

| 1. 养金鱼 | 2. 大池塘 | 3. 花园 | 4. 大房子 | 5. 很多孩子 |

→→→→→→→→→→→→→→→→→逻辑

| 1. 不养金鱼 | 2. 性生活不和谐 | ≠ | 6. 性生活和谐 |

→→→→→→→→→逻辑?

➡ 深度

这里"深度"是指要求面试者的思考层面具有递进关系，要求被面试者吸收信息后，输出的信息具有层次。这就要求被面试者掌握第一章谈及的思维三部曲，即是：

- 首先对问题本身进行分析，知其问题的必变、所变和不变，这个步骤是对问题本身进行剖析，对形式思维、质测方法的应用；
- 然后是将这个问题上升到一般规律的高度，找出个性问题到共性特征的过程，这个步骤是归纳和演绎的应用；
- 最后是找出这个一般性规律（问题）和其他事物之间的广泛联系，这个步骤是局部和整体的应用。

面试者按照这样的思维方式，吸收信息后递进地输出自己的思想，能够在思想的深度方面得到较好的提升。这样的思维方式的训练可以在教师的引导下，以实际案例课程进行重复模拟。在提高面试者组面成绩的同时，帮助面试者训练其思维方式，这点也是本书第一章以思维方式起手的原因。

➡ **思辨**

这里"思辨"是指面试者能够在思考问题的时候，从辩证的多角度对信息进行处理，从而在输出信息的时候比较全面和中肯。例如，在讨论危机公关的时候，一般面试者都会围绕危机公关的处理方式和方法，以及危机公关在短期、中期和长期的处理一般性规律开展讨论，但是如果进一步谈论如何通过正确地处理"危"而发现"机"的话，那么这种思考问题的方式就是比较全面的，属于思维辩证的一种表现。面试者如何能够表现出一定的辩证思维，对于其组面的成绩是很有帮助的。所以，在组面案例讨论的时候，尤其是**专业硕士的招生预选环节中，面试者在观点的把握上一定不要表现得过于极端**，这点和经验思维也是不谋而合的。

团队标准是指面试者在组面过程中，能够快速地融入团队的要求标准，这些要求不仅仅涉及面试者自身，而且涉及面试者和其他组员之间的博弈（博弈思维的应用）。

2. 团队要求

团队要求有四个要素：配合、打断、引导、争执。

➡ **配合**

配合是指面试者应该在组面的过程中，主动地和其他面试者进行呼应和互动，通过和其他面试者的呼应和互动产生讨论的氛围的要求。前面在谈及组面的利益分配问题的时候，我们强调组面不是一个"零和游戏"，面试者应该将其视为"多赢游戏"，也

▲ 零和游戏　　　　　　　　▲ 多赢游戏

就是说在组面中积极地互相配合，不仅仅能够很好形成组面的讨论氛围，而且能够较好地提高面试者的思维活跃度。在这个游戏中，合作比竞争收益会更加明显。

配合的实现有很多方式，如在个人标准中谈及的点头、微笑、环视，这些仪态能够很好地帮助面试者在外像上实现配合，但是仅仅机械地点头和微笑，这样苍白的表演肯定是无力的。这样的外相要点虽然很容易被面试者掌握和应用，但是毕竟"演员的自我修养"不是靠几个表情就能够实现的。面试者更需要在谈话内容上实现和其他组员的配合。为了达到这点，很多面试者在谈话的起手都会对上一个谈话者进行肯定，以这样的方式和其他面试者进行互动配合。但是，过多面试者**机械使用这种外交辞令的方法，会使得面试官对于面试者的审美观点产生疑惑，觉得被面试者缺乏自己的主见和判断**，所以面试者在内容的配合上应该把握一个度，局部地否定他人的观点，对他人的观点进行有益的、善意的修正，这些行为其实是对其他面试者最好的配合。当然，这里请读者注意的是，对他人的局部否定一定是建立在内容的基础上，不要进行人身攻击。

➡ 打断

打断是指在组面过程中，谈话者被其他参与人员插入叙述，导致谈话者的叙述中途停止或者停顿的现象。在实际组面中，面试者要面临两种场景：一是自己要不要去打断别人；二是自己被打断应该如何处理。

面试者在处理第一种场景的时候应该注意，在自己的谈话时间严重缺失的情况下，通过打断别人的谈话保障自己的发言时间是非常必要的，但是具体的打断方法和对象的选择属于具体教学方法，这里不予讨论。面试者同时应该注意到**短时间的打断，而且打断后的谈话内容如果是对被打断者的延续和总结，那么这种行为被视为是最强的配合手法**。我们通过实际教学中进行的统计，发现这种情形的出现对于谈话者和打断者的表现都有强刺激作用，会提升二者的思维活跃程度。

面试者在处理第二种场景的时候应该首先判断自己的发言时间是否有保障，在自己的发言权利得到保障的情况下，被打断后失去话语权是可以容忍的。但是，如果自己的发言时间未足，延续自己的话题是非常必要的，甚至在某些极端场景下，直接告知其他面试者：本人发言还没有结束。

➡ 引导

引导是指通过面试者的信息输出，引发其他面试者的呼应和进一步的思考，导致组面的讨论趋势按照面试者的节奏而改变。

真正的引导不能仅仅简单地理解为话题的集中性，而是通过面试者的谈话，使得全组讨论的深度不断递进，讨论的内容展现了思维的发展。

引导在组面实战中，出现的概率较低。出现引导需要两个必备的条件：一是出现无领导小组中的领导者，这个角色可以较好地控制话题的进展；二是其他组员的思维程度不能和该领导者之间存在较大的差异，可以在引导后快递理解和自我发挥，进入到讨论的环节。"曲高和寡、阳春白雪"终究不能代表群众路线。在组面中，如果出现了引导，一般而言不仅仅领导者的得分很高，而且其他面试者也会有较好的成绩。请读者一定注意的是，这个**角色的出现是完全建立在思维水平上的，属于气场的压迫，而绝对不是通过言语肢体来实现的。**

➡ 争执

争执是指在组面实战中，面试者由于对问题的看法不同产生了分歧，由于分歧导致了言语的对立和冲突。作为社会人，由于意见相左而导致肢体冲突的可能性较小，相信读者都不会发生这样的情况。面试者在组面实战中，处理争执有三种情况：一是主动和他人争执；二是被他人挑战；三是其他面试者发生争执，自己作为旁观者。

第一种情况在读者经过以上内容的学习后，一般不会发生。即使读者在面试过程中对他人的意见表达了不同的观点，但是因为不涉及人身攻击，语言控制得当，在和谐的原则下采取就事论事的方法，所以第一种情况不会出现。

第二种情况在实际案例讨论中，常有发生。因为有些面试者受到了不正确的信息引导，认为在组面的过程中通过挑战他人的方法可以很有效地获得话语权和关注度，所以存在一定的恶意挑战的现象。如果出现这种情况，**面试者仍然要保持好心态和气度，对于面试者而言，这个时候由良好的心态和气度带来的正面影响足可以抵消任何内容的不利所带来的负面影响。**面试者可以尝试和挑战者进行沟通，尝试主动化解，认为这只是不同角度看待问题所带来的分歧；也可以完全忽略挑战，按照自己的思维方式和其他组面成员互动沟通。

第三种情况在实际案例讨论中，也经常发生。这个时候两个甚至是三个队友因为某个论点产生了分歧，并进行快速的互动和讨论。作为面试者这个时候的大忌就是单纯地旁观，因为这是在浪费面试者的利益，使得面试者丧失了面试的时间。针对这种场景的出现，面试者首先应该做到积极参与到争论中，在争论中取得自己的话语权。但是请读者注意的是，选择一个战队，支持争论中的某一观点并不是最好的参加方法，最好的参加方法是尝试找出第三种意见兼容这二者的意见，平息争论的同时将自己的意见表达出来，这点对于面试者展现良好的领导者潜质很有帮助。

以上内容涉及了组面规则、组面队友、组面案例和评价标准，读者通过阅读这些内容能够对组面有一个较为全面清晰的表象了解。

组面水平的提高，最大的特征是需要"知行合一"，笔者的很多朋友在参加专业硕士面试的时候需要进行组面，他们往往希望笔者直接给予他们指导，省却课程之烦，但是笔者很真诚地告知朋友，这不是时间和金钱的问题，而是如果缺乏组面的具体场景模拟，缺乏老师控制课程的教学方法，那么以上内容对于很多面试者而言，知晓和熟练运用是两个不同层面的问题，还是建议读者要通过具体的实战来理解这些知识，提高自己思维水平是没有捷径好走的。

目前一些院校为了避免学员被培训的痕迹明显，更好地观察学员的本色水平，在组面的基础上进一步修改规则，例如采取辩论的方式。这些修改只是规则上的变化，就考察面试者的规则而言，其实和组面形式是异曲同工的。读者如果能够把握组面的规则和形式，利用第一章的思维方式不断训练自己，应对这些考察环节都是手到擒来。笔者也不认为这是单纯的应试培训，因为读者的思维方式已经发生了转化，这属于思维水平的提升，不会导致院校所担心的被培训导致选材失误的问题。

第二节 组面知识要点分析

面试涉及的知识点错综复杂，牵涉到很多学科知识，如宏观经济学、微观经济学、市场营销学、战略学、运营管理、企业信息系统等，要求面试者在准备面试前期阅读全部相关书籍是不切合实际的。换个角度而言，面试者如果已经通读了以上学科全部相关书籍，那么来攻读MBA、MPA等专业硕士也没有意义了。在控制时间成本的基础上，如何能够将知识点提炼出来供面试者学习和掌握，利于面试者获得一个良好的组面成绩就成为在多年教学中不断摸索的课题。

在第一章已经和读者提及了，解决这个问题需要解构思维的应用。我们观察一个在书法中广泛使用的教学方法。初学书法的人为了更好地掌握笔锋和结构，都会学习"永字八法"。这种学习书法的方法是将中国汉字的二十八种笔画，按照起笔、行笔和收笔的三个步骤，进行压缩和简化，最后形成了"点→横→竖→撇→捺→勾→挑→折"的永字八法。学习书法者通过体会这八种笔画的书写规律，可以有效地掌握书法书写的法则。

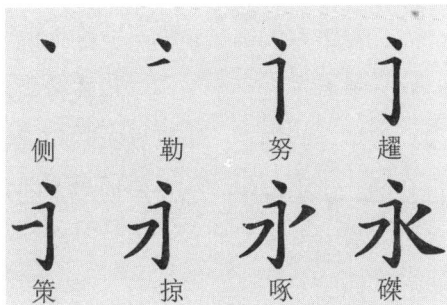

▲ 二十八笔画　　　　　　▲ 永字八法

这是视点结构教学模式方法（Teaching of View Point Structure）在书法学习课程中的一种应用，也是解构思维在教育行业的一种具化。这种教学模式的主要思路是将不同学科的概念（视点）抽离出来，通过概念的本质特征和其他概念简化合并，从而使得不同的知识单元、知识学科通过这些概念的简化合并产生本质联系，实现简化多学科教学的任务的目标。

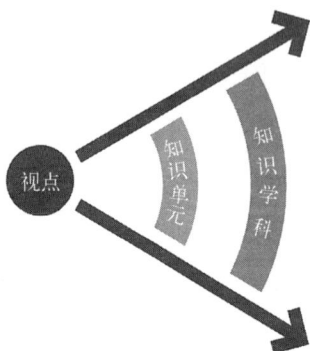

▲ 视点结构教学模式

在组面教学中，依据这种教学模式，笔者提炼出了案例讨论中的十二个视点，分别是**经营战略、市场定位、品牌建设、组织变革、销售渠道、公关危机、绩效考核、兼并收购、领导风格、产业结构、企业文化、企业社会责任**。这十二个视点是面试者在MBA组面中涉及的主要知识点。

在接下来的篇章我们会详细地依序解释，在介绍这些知识的时候，笔者不会完全按照学科或者词条的常见分类界限进行，而是以教学经验为主，将容易串联和记忆的知识点在同一视点下进行介绍。这里仅仅介绍不同视点下的知识点，而具体的应用需要通过实战案例模拟的方式进行讲解。

读者应该通过学习十二类型案例的知识点，在实战培训中积累经验，在阅读案例后挑选出几个相关案例讨论的方向，组合具体案例的数据和内容，按照结构性思维和过程性思维，参考思维三部曲的方式，快速组织自己的发言内容。然后，根据具体组面队友的表现，把握自己的发言轮次和节奏，从而实现顺利通过组面的测试。

值得注意的是，这十二种案例的前八种是实际案例中会具体涉及的，而后四种案例往往不会有专门的案例设计讨论，但是其中涉及的领导风格、产业结构、企业文化、企业社会责任这些内容是面试者在实战讨论中为了更好地体现自己战略和高度，用于"务虚"的内容组织。

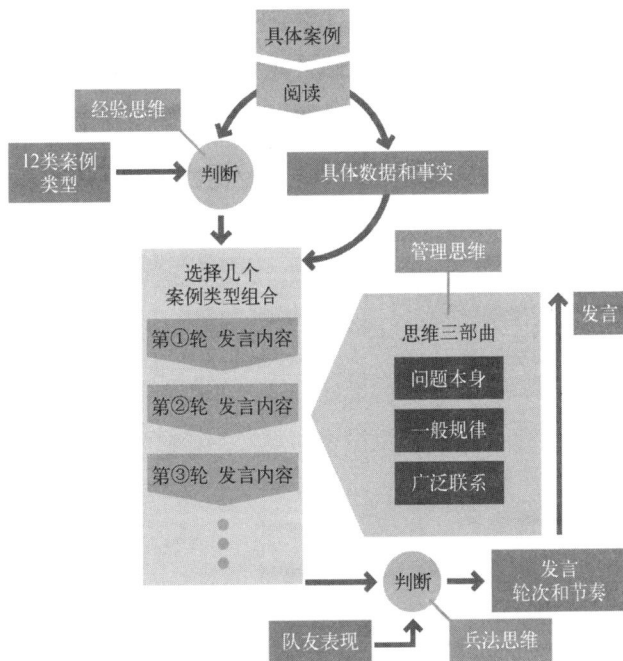

一、经营战略

经营战略是企业面对激烈变化、严峻挑战的环境，为求得长期生存和不断发展而进行的总体性谋划。它是企业战略思想的集中体现，是企业经营范围的科学规定，同时又是制定规划（计划）的基础。更具体地说，经营战略是在符合和保证实现企业使命的条件下，在充分利用环境中存在的各种机会和创造新机会的基础上，确定企业同环境的关系，规定企业从事的事业范围、成长方向和竞争对策，合理地调整企业结构和分配企业的全部资源。从其制定要求看，经营战略就是用机会和威胁评价现在和未来的环境，用优势和劣势评价企业现状，进而选择和确定企业的总体、长远目标，制定和抉择实现目标的行动方案。

战略分成长期战略和短期战略。长期战略一般被企业称为"愿景"。愿景由企业核心理念（核心价值观、核心目的）和对未来的展望（未来10—30年的远大目标和对目标的生动描述）构成。下文谈及的企业采取的稳定战略、发展战略和收缩战略都是指的企业的短期战略，是企业为了完成长期战略，在不同时间阶段里采取的不同策略。为了更好地较为快速地帮助读者认知企业经营战略的相关知识，下面分常见企业战略、战略的选择、战略的支持这三个角度来进行分析。

1. 常见企业战略

战略按照不同的分类标准而有所不同，这里介绍两种比较常见的战略分类。

（1）稳定战略、发展战略和收缩战略。

稳定战略是企业受到外部竞争加剧或者内部资源调整等因素的影响，维持原有发展方向的战略。按照具体的战术不同又分成：

- 无变化战略，即按原定方向和模式经营，不作重大调整。
- 利润战略，即在已取得的市场优势基础上力图在短期更多地获利。
- 暂停战略，即为了巩固已有的优势，暂时放慢发展速度。

发展战略是指企业由于自己发展的需求和外部环境的刺激，采取的扩张型战略。具体包括：

- 垂直一体化战略，即在原有经营领域的基础上分别从前向或后向开拓发展。
- 水平一体化战略，即在技术经济性质类似的经营领域内横向扩大发展。
- 多元化经营战略，即向完全不同于原有的经营领域扩大发展。

收缩战略是指企业受到外部环境的压力和内部资源的匮

乏等因素的影响，采取的收缩型战略，又称"撤退战略"。具体分为：

- 削减战略，即逐步减少生产或收回资金，但不完全放弃，以等待时机。
- 放弃战略，即对无法挽回的产品等经营领域予以转让，收回资金另作他图。
- 清算战略，即企业无力扭亏增盈，濒临破产时予以清算，整体转让。

（2）低成本战略、差异化战略和集中化战略。

这三种战略是"竞争战略之父"迈克尔·波特提出的。企业战略是一个战略体系，在这个战略体系中，有竞争战略、发展战略、技术开发战略、市场营销战略、信息化战略、人才战略，虽然竞争战略等同于企业战略，但是严格地说来竞争战略只是企业战略的一部分。这里对三种竞争战略进行介绍。

- 低成本领先战略：这种战略就是尽最大努力降低成本，通过低成本降低商品价格，维持竞争优势。要做到成本领先，就必须在管理方面对成本严格控制，处于低成本地位的公司可以获得高于产业平均水平的利润。在与竞争对手进行竞争时，由于你的成本低，对手已没有利润可图时，你还可以获得利润。这样，你就主动，你就是胜利者。

- 差异化战略：这种战略是公司提供的产品或服务别具一格，或功能多，或款式新，或更加美观。如果别具一格战略可以实现，它就成为在行业中赢得超常收益的可行战略，因为它能建立起竞争领先的防御地位，利用客户对品牌的忠诚而处于竞争优势。

- 集中化战略：这种战略是主攻某个特定的客户群、某产品系列的一个细分区段或某一个地区市场。其前提是：公司能够以更高的效率、更好的效果为某一狭窄的战略对象服务，从而超过在更广阔范围内的竞争对手。该战略具有赢得超过行业平均水平收益的潜力。

2. 战略的选择

（1）战略选择最优先考虑的要素是企业在产业中的相对位置。竞争位置会决定企业的获利能力是高出还是低于产业的平均水平。即使在产业结构不佳、平均获利水平差的产业中，竞争位置较好的企业，仍能获得较高的投资回报。

企业在产业中的相对竞争位置角色有市场垄断者、市场挑战者、市场补隙者和市场跟随者。

市场垄断者是指整个行业中存在某个厂商组织对某种需求进行供应具有压倒性的优势。垄断的原因可能是由于产业的属性、政府规管等因素，在这种情况下，该行业市场为不完全竞争市场。

市场挑战者是指那些相对于市场领先者来说在行业中处于第二、第三和以后位次的企业，如美国汽车市场的福特公司、软饮料市场的百事可乐公司等企业。处于次要地位的企业如果选择"挑战"战略，向市场领先者进行挑战，首先必须确定自己的策略目标和挑战对象，然后选择适当的进攻策略。也就是说，该公司以积极的态度，提高现有的市场占有率。

市场补隙者是指选择某一特定较小之区隔市场为目标，提供专业化的服务，并以此为经营战略的企业。市场补隙者是很多中、小型企业的生存和发展之道，擅长关注市场需求的变化，找到市场需求没有被完全满足的细分市场，避免和其他具有庞大资金实力的企业产生竞争关系。这种策略也被称为"蓝海策略"。

市场跟随者是指安于次要地位，不热衷于挑战的企业。但是，并不是盲目、被动地单纯追随领先者，其任务是确定一个不致引起竞争性报复的跟随战略，在不同的情形下有自己的策略组合和实施方案。在资本密集的同质性产品的行业，如钢铁、原油和化工行业中较为常见。

▼ 竞争角色

市场垄断者	市场跟随者	市场补隙者	市场挑战者
关注自己竞争力的保持，尝试引导行业的发展	采取和市场领先者类似的策略，避免产生报复性的竞争	关注市场需求的变化，通过进入未被完全满足需求的市场，避免激烈竞争	不安于现状对市场领先者的地位发起冲击，关注市场份额的增长

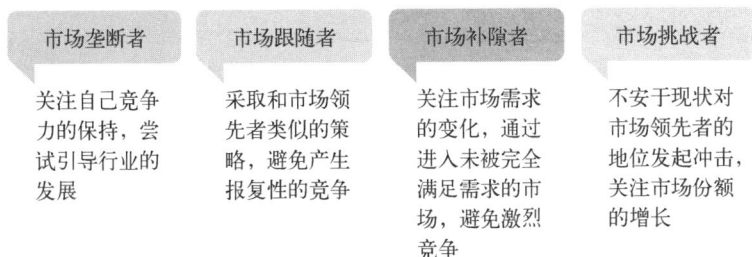

（2）战略选择还应该考虑企业的自身优缺点，外部环境的机遇和威胁。这里常用的战略选择工具为SWOT[1]分析工具。

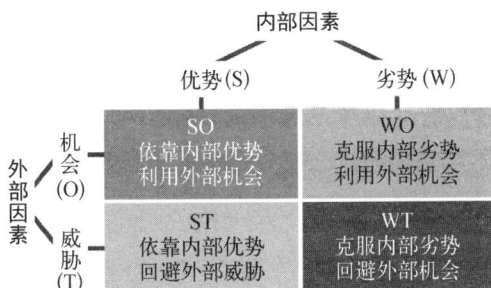

内部因素

	优势(S)	劣势(W)
机会(O)	SO 依靠内部优势 利用外部机会	WO 克服内部劣势 利用外部机会
威胁(T)	ST 依靠内部优势 回避外部威胁	WT 克服内部劣势 回避外部机会

外部因素

每个企业都会有许多优点或缺点，任何的优点或缺点都会对相对成本优势和相对差异化产生作用。成本优势和差异化都可以使企业比竞争对手更擅长竞争。将两种基本的竞争优势与企业相应的活动相结合，就可导出可让企业获得较好竞争位置的三种一

---

[1] SWOT（Strengths Weakness Opportunity Threats）分析法，又称为态势分析法或优劣势分析法。

般性战略：总成本领先战略、差异化战略及专一化战略。

总成本领先战略要求企业必须建立起高效、规模化的生产设施，全力以赴地降低成本，严格控制成本、管理费用及研发、服务、推销、广告等方面的成本费用。为了达到这些目标，企业需要在管理方面对成本给予高度的重视，确保总成本低于竞争对手。

差异化战略是将公司提供的产品或服务差异化，树立起一些全产业范围中具有独特性的东西。实现差异化战略可以有许多方式，如设计名牌形象，保持技术、性能特点、顾客服务、商业网络及其他方面的独特性等。最理想的状况是公司在几个方面都具有差异化的特点。这一战略与提高市场份额的目标不可兼顾，在建立公司的差异化战略的活动中总是伴随着很高的成本代价，有时即便全产业范围的顾客都了解公司的独特优点，也并不是所有顾客都将愿意或有能力支付公司要求的高价格。

专一化战略是主攻某个特殊的顾客群、某产品线的一个细分区段或某一地区市场。低成本与差异化战略都是要在全产业范围内实现其目标，专一化战略的前提思想是公司业务的专一化能够以较高的效率、更好的效果为某一狭窄的战略对象服务，从而超过在较广阔范围内竞争的对手。公司或者通过满足特殊对象的需要而实现了差异化，或者在为这一对象服务时实现了低成本，或者二者兼得。这样的公司可以使其盈利的潜力超过产业的平均水平。

竞争优势是所有战略的核心，企业要获得竞争优势就必须作出选择，必须决定希望在哪个范畴取得优势。 全面出击的想法既无战略特色，也会导致低于水准的表现，它意味着企业毫无竞争优势可言。

（3）战略选择还应该考虑企业的规模，在不同的行业、不同的环境中，不同规模企业的竞争战略都是不同的。一般而言，大型企业的竞争战略目标在于：

- 控制运作成本（采购、物流、销售、运营等成本），以此提高毛利，许多大企业不盈利不是市场和产品不好，而是企业运营成本过高，大型企业该问题尤为突出，因为资金充裕。
- 控制运行风险，确保主行业值得长期经营及投资，如果主业是个衰退行业，或者可能被某些革命性的产品取代，那么大型企业应及早发现，及时研发拷贝该产品。如果行业及该市场本身因为各种原因在衰退，那么应尝试开拓新的市场。
- 维持竞争优势，不断根据各类原理分析市场和行业，建立和维持属于自身的有竞争力的战略。

中小企业的竞争战略在于为提供客户更需要的产品、控制成本（运作、生产、采购、物流、运营）和不断的创新。

（4）战略选择还要关注产品（行业）的生命发展周期。产品生命周期（product life cycle，简称PLC），是指产品的市场寿命。一种产品进入市场后，它的销售量和利润都会随时间推移而改变，呈现一个由少到多由多到少的过程，就如同人的生命一样，由诞生、成长到成熟，最终走向衰亡，这就是产品的生命周期现象。市场营销学定义的产品生命周期为导入、成长、成熟、衰退。这虽然不能概括产品生命周期的全过程，但是绝大多数产品是遵循这样的变化周期的。因为某些主流产品也代表了一个行业，所以该周期也符合较多行业的发展规律。

- 导入期：新产品投入市场，便进入导入期。此时，顾客对产品还不了解，只有少数追求新奇的顾客可能购买，销售量很低。为了扩展销路，需要大量的促销费用，对产品进行宣传。在这一阶段，由于技术方面的原因，产品大批量生产难度较高，因而成本高，这个时期最佳战略的选择倾向不明显。

- 成长期：这时顾客对产品已经熟悉，大量的新顾客开始购买，市场逐步扩大。产品大批量生产，生产成本相对降低，企业的销售额迅速上升，利润也迅速增长。竞争者看到有利可图，将纷纷进入市场参与竞争，使同类产品供给量增加，价格随之下降，企业利润增长速度逐步减慢，最后达到生命周期利润的最高点。成长期最佳的竞争战略是低成本竞争战略。

● 成熟期：市场需求趋向饱和，潜在的顾客已经很少，销售额增长缓慢直至转而下降，标志着产品进入了成熟期。在这一阶段，竞争逐渐加剧，产品售价降低，促销费用增加，企业利润下降。该时期应该着重关注产品的差异化，通过差异化降低和其他竞争者之间的竞争程度，提高产品的利润。成熟期最佳的竞争战略是差异化竞争战略。

● 衰退期：随着科学技术的发展，新产品或新的代用品出现，将使顾客的消费习惯发生改变，转向其他产品，从而使原来产品的销售额和利润额迅速下降。于是，产品又进入了衰退期。

▼ 产品（行业）生命周期

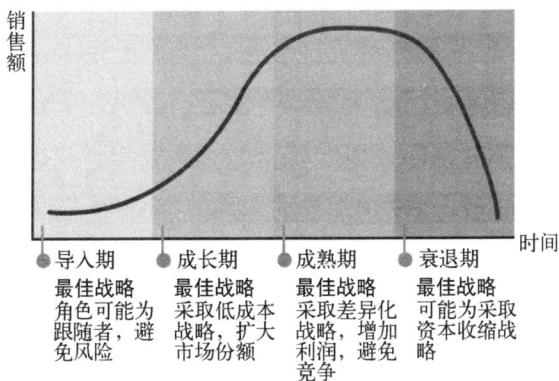

销售额				时间
导入期	成长期	成熟期	衰退期	
最佳战略	**最佳战略**	**最佳战略**	**最佳战略**	
角色可能为跟随者，避免风险	采取低成本战略，扩大市场份额	采取差异化战略，增加利润，避免竞争	可能为采取资本收缩战略	

3. 战略的支持

战略需要具体战术的支持，在第一章中的结构性思维提及了企业点（核心竞争力）、线（企业战术）和面（企业战略）之间的关系。那么，在选择了企业的战略后应该由什么具体的战术对此进行支撑？这里主要回答这个问题。

支持战略目标的战术活动分为基本活动和支持活动两类，基本活动包含生产、营销、运输和售后服务等，支持活动包含物料供应、技术、人力资源或支持其他生产管理活动的基础功能等。基本活动和支持活动会推进企业实现战略目标，整个活动是价值不断增值和传导的过程，这个过程最后形成了企业发展的整个价值链[1]。

企业的基本增值活动，即一般意义上的"生产经营环节"，如材料供应、成品开发、生产运行、成品储运、市场营销和售后服务。这些活动都与商品实体的加工流转直接相关。

企业的辅助性增值活动，包括组织建设、人事管理、技术开发和采购管理。这里的技术和采购都是广义的，既可以包括生产性技术，也包括非生产性的开发管理，如决策技术、信息技术、计划技术；采购管理既包括生产原材料，也包括

---

[1] 价值链的概念由迈克尔·波特在《竞争优势》一书首次提出（1985 年）。

其他资源投入的管理，如聘请有关咨询公司为企业进行广告策划、市场预测、法律咨询、信息系统设计和长期战略计划等。

价值链在经济活动中是无处不在的，上下游关联的企业与企业之间存在行业价值链，企业内部各业务单元的联系构成了企业的价值链，企业内部各业务单元之间也存在着价值链联结。价值链上的每一项价值活动都会对企业最终能够实现多大的价值造成影响，最后影响企业战略的实现程度。

价值链的这部分内容对于读者在面试中极为重要，熟练掌握这个思路后，结合若干个战术活动，可以非常灵活有效地回答诸如"请给目前企业的发展提出具体意见"的问题。

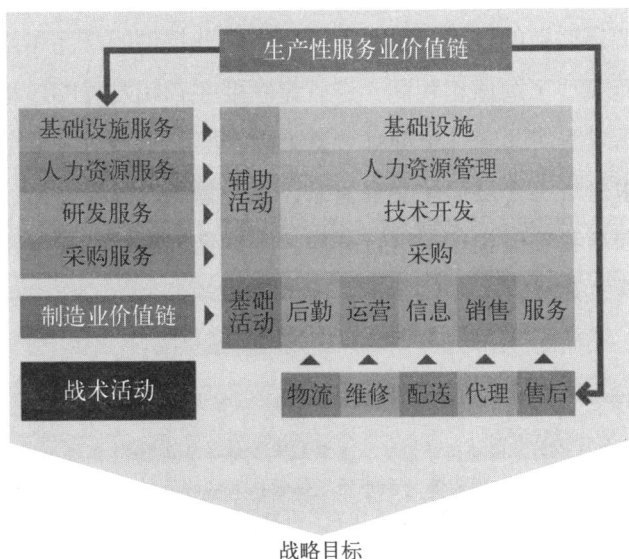

战略目标

二、市场定位

市场定位^[1]是企业及产品确定在目标市场上所处的位置，其含义是指企业根据竞争者现有产品在市场上所处的位置，针对顾客对该类产品某些特征或属性的重视程度，满足消费者的某方面的需求，为本企业产品塑造与众不同的、给人印象鲜明的形象，并将这种形象生动地传递给顾客，从而使该产品在市场上确定适当的位置。市场定位是市场营销学中一个非常重要的概念。下面就消费需求、STP^[2]营销和核心竞争力三个方面进行介绍。

1. 消费需求

企业生存的本质是不断地能够满足消费者的需求，任何的消费购买行为都是源自消费者需求满足。消费者的需求满足的过程就是消费的过程，在这个过程中企业提供的产品和服务通过流转实现了增值和利润，这就是企业生存和发展的过程。马斯洛需求层次理论^[3]，（亦称"基本需求层次理论"）指出，人类的需求分成五个层面（生理需求、安全需求、社会需求、尊重需求和自我价值实现）进行分类。一切经济活动都是围绕满足这些需求开展的。

---

[1] 市场定位是由美国营销学家艾·里斯和杰克特劳特在 1972 年提出的。

[2] STP：市场细分、目标市场和市场定位营销策略的英文缩写。

[3] 这一理论由美国心理学家亚伯拉罕·马斯洛于 1943 年《人类激励理论》论文中提出。

经济学中所说的需求是在一定的时期，在一既定的价格水平下，消费者愿意并且能够购买的商品数量。需求显示了随着价格升降而其他因素不变的情况下，某个体在每段时间内所愿意买的某货物的数量。在某一价格下，消费者愿意购买的某一货物的总数量称为需求量。在不同价格下，需求量会不同。需求也就是价格与需求量的关系，若以图像表示便称为需求曲线。消费需求是指消费者对以商品和劳务形式存在的消费品的需求和欲望。在营销学中的消费需求概念是由两个要素构成的：一是愿意购买，二是有支付能力。没有支付能力的需求被称为Need，具有支付能力的需求才被称为Demand。

当商品经济处于不发达阶段时，消费者的消费领域比较狭窄，内容很不丰富，满足程度也受到限制，处于一种压抑状态。在市场经济条件下，生产资料和生活资料都是商品，消费需求的满足离不开市场交换。随着社会生产力的不断发展，企业将

▼ 需求供应曲线（完全竞争市场）

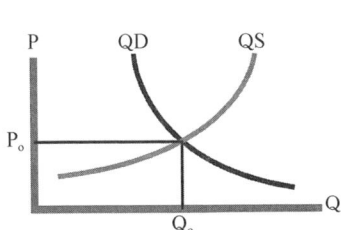

·P 价格　　·QD 需求数量
·Q 数量　　·QS 供应数量
·P_o 市场平衡状态下的价格
·Q_o 市场平衡状态下的供给数量

▲ 马斯洛需求层次

自我实现
尊重需求
社会需求
安全需求
生理需求

向市场提供数量更多、质量更优的产品，以便更好地满足消费者的消费需求。随着人们物质文化生活水平的日益提高，消费需求也呈现出多样化、多层次，并由低层次向高层次逐步发展，消费领域不断扩展，消费内容日益丰富，消费质量不断提高的趋势。

2. STP 营销

在现代市场营销理论中，市场细分（Market Segmentation）、目标市场（Market Targeting）、市场定位（Market Positioning）是构成公司营销战略的核心三要素，被称为STP营销，这个过程是企业实现企业定位，完成企业生存和发展的必经过程。

市场细分[1]**是指营销者通过市场调研，依据消费者的需要和欲望、购买行为和购买习惯等方面的差异，把某一产品的市场整体划分为若干消费者群的市场分类过程。**每一个消费者群就是一个细分市场，每一个细分市场都是具有类似需求倾向的消费者构成的群体。常见的市场细分标准有地理细分、人口细分、心理细分、行为细分等。市场细分常见的错误是按照产品的种类或者型号进行分类，而不是针对消费者的消费需求进行划分。市场细分需要建立在完整、科学的市场调研的基础上。常见的市场细分的步骤如下：

---

[1] 美国市场学家温德尔·史密斯 (Wendell R. Smith) 于 20 世纪 50 年代中期提出来的。

- 选定产品市场范围。明确自己在某行业中的产品市场范围，并以此作为制定市场开拓战略的依据。
- 列举潜在顾客的需求。可从地理、人口、心理等方面列出影响产品市场需求和顾客购买行为的各项变数。
- 分析潜在顾客的不同需求。公司应对不同的潜在顾客进行抽样调查，并对所列出的需求变数进行评价，了解顾客的共同需求。
- 制定相应的营销策略。调查、分析、评估各细分市场，最终确定可进入的细分市场，并制定相应的营销策略。

　　目标市场是指根据各个细分市场的独特性和公司自身的目标，选择细分市场来作为公司的满足对象。常见选择目标市场策略有三种：

- 无差异市场营销：公司只推出一种产品，或只用一套市场营销办法来招徕顾客。当公司断定各个细分市场之间很少差异时可考虑采用这种大量市场营销策略。
- 密集性市场营销：公司将一切市场营销努力集中于一个或少数几个有利的细分市场。
- 差异性市场营销：公司根据各个细分市场的特点，相

> 应扩大某些产品的花色、式样和品种，或制定不同
> 的营销计划和办法，以充分适应不同消费者的不同
> 需求，吸引各种不同的购买者，从而扩大各种产品
> 的销售量。

　　市场定位是指企业针对潜在顾客的心理进行营销设计，创立产品、品牌或企业在目标顾客心目中的某种形象或某种个性特征，保留深刻的印象和独特的位置，从而取得竞争优势。

　　市场定位就是在每一个细分市场上生产不同的产品，实行产品差异化。事实上，市场定位与产品差异化尽管关系密切，但有着本质的区别。市场定位是通过为自己的产品创立鲜明的个性，从而塑造出独特的市场形象来实现的。一项产品是多个因素的综合反映，包括性能、构造、成分、包装、形状、质量等，市场定位就是要强化或放大某些产品因素，从而形成与众不同的独特形象。产品差异化乃是实现市场定位的手段，但并不是市场定位的全部内容。市场定位不仅强调产品差异，而且要通过产品差异建立独特的市场形象，赢得顾客的认同。

　　市场定位的方式是通过产品营销组合 4Ps[1]实现的。随

---

[1] 4Ps 是指产品（product）、价格（price）、渠道（place）和促销（promotion）。

着产品之间的差异性越来越小，很多企业的市场定位不能仅仅局限于产品本身，而是通过服务进行增值，所以在营销组合4Ps的基础上进一步拓展到7Ps[1]，企业通过有效的营销组合来实现传递企业产品差异化的市场形象给目标消费者群体。

▼STP营销

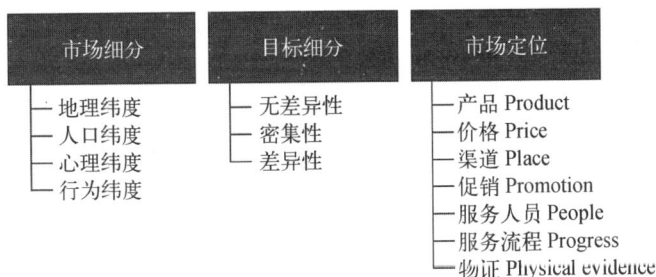

3. 核心竞争力

市场STP营销策略的7Ps围绕如何构建企业的核心竞争力开展，这些营销组合要素应该紧紧围绕一个关键的核心竞争优势而有序地组合和开展工作。**企业的核心竞争力[2]是指在一定时期内，企业无法被其他竞争对手超越或者模仿的竞争优势**。企业核心竞争力的识别标准有以下四个：

---

[1] 7Ps=4Ps+服务人员（people）、服务流程（progress）、物证（physical evidence）。

[2] 核心竞争力最早由美国学者普拉哈拉德（C.K. Prahalad）和美国学者哈默尔（G. Hamel）提出。

- **价值性**：这种能力首先能很好地实现顾客所看重的价值，如能显著地降低成本，提高产品质量，提高服务效率，增加顾客的效用，从而给企业带来竞争优势。

- **稀缺性**：这种能力必须是稀缺的，只有少数的企业拥有它。

- **不可替代性**：竞争对手无法通过其他能力来替代它，它在为顾客创造价值的过程中具有不可替代的作用。

- **难以模仿性**：核心竞争力还必须是企业所特有的，并且是竞争对手难以模仿的，也就是说，它不像材料、机器设备那样能在市场上购买到，而是难以转移或复制的。这种难以模仿的能力能为企业带来超过平均水平的利润。

在组面过程中，核心竞争力的概念被广泛地应用。因为

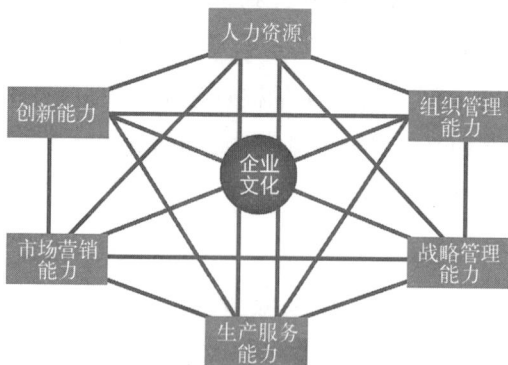

▲核心竞争力钻石模型

绝大部分的组面其实都是围绕企业是如何成长的、有没有核心业务、过去的核心业务是什么、今天的核心业务是什么、明天的核心业务是什么这几个问题开展的，而这几个问题其实都是在询问企业的核心竞争是如何构建和发展的。在教学和实际营销战场中，笔者强调核心竞争力可以是任何要素或者要素的组合，任何战术或者战略都可能是构建核心竞争力的主体。

三、品牌建设

品牌指公司的名称、产品或服务的商标，和其他可以有别于竞争对手的标志、广告等构成公司独特市场形象的无形资产。很多时候，品牌不仅仅是一种识别标志，而是一种精神象征、一种价值理念，是品质优异的核心体现。培育和创造品牌的过程也是不断创新的过程，自身有了创新的力量，才能在激烈的竞争中立于不败之地，继而巩固原有品牌资产，多层次、多角度、多领域地参与竞争。

品牌是一种名称、术语、标记、符号或图案，或是它们的相互组合，用以识别企业提供给某个或某群消费者的产品或服务，并使之与竞争对手的产品或服务相区别[1]。**品牌是组织及其提供的产品或服务的有形和无形的综合表现。**

***

[1] 菲利普·科特勒对于品牌的定义。

在行业初期，由于信息不对称，在这个时期可能存在收益超出风险的情况，即收益中存在两个部分：一个是平均资产增值收益部分，另一个是由于信息不对称带来的超额利润增值。其他资本会由于在这个行业中存在超额利润的吸引，不断进入到这个行业领域中，增加这个行业领域的竞争程度。随着行业的发展和不断成熟，该行业中的竞争程度不断提高，超额利润部分在竞争情况下会不断被压缩，直到最后收益和风险成正比。

品牌的出现是实现差异化竞争战略的重要基础，在行业发展进入成熟期后，产品同质化严重的情况下，品牌可以有效地使消费者对产品产生不同的情感联想，使得产品和同质产品之间产生区别。

下面将会就品牌如何出现、实现品牌的路径、品牌的延伸战略这三个方面进行剖析。

1. 品牌如何出现

品牌的出现一定是消费者的群体心理活动的行为，通过各类营销活动和传播手段，使得在目标消费者群体中认可、接受到主动传播，这是品牌出现的过程。

消费者接受和使用一个产品，直到产生品牌忠诚度，分成四个阶段：**第一个阶段是知晓这个产品；第二个阶段是尝试使用这个产品；第三个阶段是重复使用这个产品；第四个阶段是产生品牌的忠诚度，主动维护产品。**在这四个阶段的转化中，消费者不断由于竞争等因素流失。通过消费者行为产生品牌的过程中,消费者的数量是呈现漏斗型的分布形态,这就是消费者漏斗模型,该模型比较好地解释了品牌是如何出现的。

▼ 消费者漏斗模型

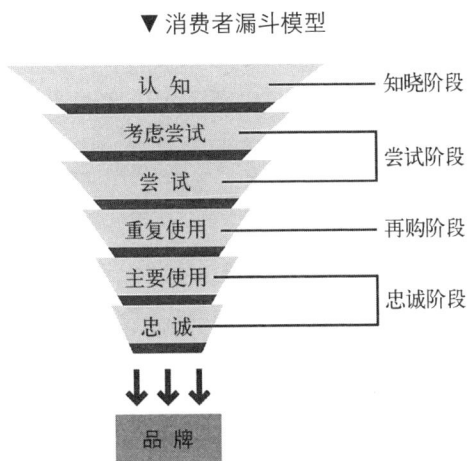

2. 实现品牌的路径

　　品牌必须将自己定位于满足消费者需求的立场上,最终借助传播在消费者心中获得一个有利的位置。品牌定位的利益点选择除了产品利益外,还有心理、象征意义上的利益,这使得产品转化为品牌。

　　一个成熟完善的品牌包含很多要素,有扎实的产品品质作为基础,有企业良好的社会形象为其背书等。品牌的核心关键部分是品牌自身具有的、吸引消费者的独特魅力,消费者通过这个品牌可以获得综合而独特的利益与体验。造成这种独特魅力需要有理性因素,也需要感性因素。

品牌核心价值的理性层面是以产品为基础，带给消费者的实际利益，也就是消费者愿意用金钱、时间、风险等购买成本交换的一个问题解决方案。当消费者交易后从商品中获得的利益与满足感超过所支付的代价就会产生对该品牌理性层面的认同，这就是品牌核心价值之基。但是，这还不足以使消费者忠诚；想要消费者对品牌高度认同并忠诚，就要向品牌的核心探索，即走入品牌奇妙的感性层面。

品牌感性层面是一个品牌最核心的部分，这里发出的信号奇妙地影响着消费者的思想，使消费者产生高度的忠诚。这里有消费者的归属感、认同感，表达自己思想与感受的诸多感性因素。品牌的核心像空气一样，游离缥缈，让竞争对手无法攻击，无法效仿，而这样一种无影无形的状态却可以牢牢抓住消费者的心智。如万宝路所体现出来的自由、奔放、豪爽、原野、力量的男子汉形象，与香烟本身没有任何关系，而是人为渲染出来的一种抽象概念。

如果说**品牌核心价值理性的层面是"基"，那么感性层面就是"本"，两者相辅相成，互为协同。**

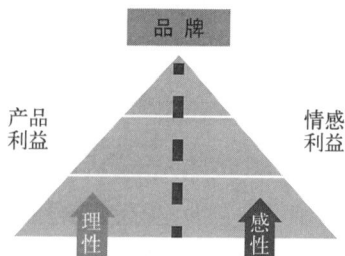

3. 品牌延伸战略

品牌延伸是指在已有相当知名度与市场影响力的品牌的基础

上，将成名品牌运用到新产品和服务上，以期减少新产品进入市场风险的一种策略。它可以增加新产品的可接受性、减少消费行为的风险性，提高促销性开支使用效率，以及满足消费者多样性需要。品牌延伸有两个方向：一个是专业化延伸，一个是一体化延伸。

专业化延伸是指品牌延伸的新领域与其原有领域处于同一行业并有一定的关联性，专业技术、目标市场、销售渠道等方面具有共同性。企业可以充分利用原有品牌的品牌声誉吸引消费者选择新产品，从而节约新产品进入市场的成本。例如，"娃哈哈"从儿童营养口服液起家，逐步延伸到果奶、八宝粥、纯净水等。这里的品牌延伸，往往品牌的名称是统一的。

一体化延伸是指品牌向原有领域的上游或者下游延伸，品牌成长空间更为广阔。品牌沿产业链向上延伸可进入高端产品市场；反之，品牌沿产业链向下延伸可填补低端市场空白，扩大市场占有率。如丰田在丰田轿车享誉全球后又推出雷克萨斯作为更加高端的轿车品牌。这里的品牌延伸，往往品牌存在子品牌的划分和归类。

品牌延伸属于企业的战略问题。品牌延伸的实质就是企业经营战略的多样化和多元化。品牌延伸战略不但关系到新产品能否尽快为市场所接受并获得竞争优势，同时由于新产品上市后其形象又会对主品牌起到强化或削弱的作用，从而反过来影响企业原有产品的市场地位。可见，品牌延伸的影响是巨大的、长期的，牵涉面广，关系到企业长期的市场地位和整体盈利。因此，企业在采取品牌延伸这个战略性策略的时候，需要进行详尽的分析，避免损失，使收益最大化。

品牌延伸后会导致企业产生一个新的品牌结构。品牌结构是指一个企业不同产品品牌的组合，它具体规定了品牌的作用、各品牌之间的关系，以及各自在品牌体系中扮演的不同角色。合理的品牌结构有助于寻找共性以产生协同作用，条理清晰地管理多个品牌，减少对品牌识别的损害，快速高效地做出调整，更加合理地在各品牌中分配资源，这点对于企业抗击成长风险非常重要。

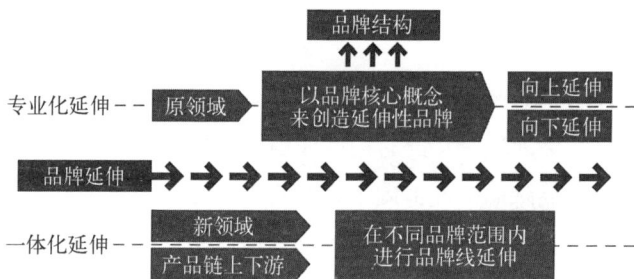

四、组织变革

组织变革是指运用行为科学和相关管理方法，对组织的权利结构、组织规模、沟通渠道、角色设定、组织与其他组织之间的关系，以及对组织成员的观念、态度和行为，成员之间的合作精神等进行有目的的、系统的调整和革新，以适应组织所处的内外环境、技术特征和组织任务等方面的变化，提高组织效能。企业的发展离不开组织变革，内外部环境的变化，企业资源的不断整合与变动，都给企业带来了机遇与挑战，这就要求企业关注组织变革。

下面就组织变革原因、组织的结构、组织变革策略这三个方面进行分析。

1. 组织变革原因

组织变革产生的原因有很多种，有环境变化、内部变化和成长要求这三个层面的原因。

环境变化的因素有诸如国民经济增长速度的变化、产业结构的调整、政府经济政策的调整、竞争观念的改变、科学技术的发展引起产品和工艺的变革等。企业组织结构是实现企业战略目标的手段，企业外部环境的变化必然要求企业组织结构做出适应性的调整。这里常用PESTLE[1]分析模型工具。

内部变化的因素有诸如企业内部条件的变化,主要包括技术条件的变化，如企业实行技术改造，引进新的设备要求技术服务部门的加强以及技术、生产、营销等部门的调整；人员条件的变

---

[1] Pestle 模型用于对采购组织运作所处的宏观环境进行考虑与评估。

● **政治 political：**
政治稳定性；政府对贸易的影响；压力集团的作用；
税收对价格的影响
● **经济 economic：**
利率；通货膨胀和汇率；经济周期性
● **社会 social：**
人口及其发展趋势，生活方式、文化习惯、生活环境
以及工作习惯
● **技术 technological：**科技元素
● **法律 legal：**法律规章
● **环境 environmental：**
自然资源的有效性、环境污染以及废物管理的问题

▲ PESTLE 分析模型工具

化，如人员结构和人员素质的提高等；管理条件的变化，如实行计算机辅助管理，实行优化组合等。这里人、财、物要素的变化需要企业结合外部环境进行分析。

成长需求的因素则需要企业处于行业生命周期的阶段性规律，企业为了更好地成长，需要考虑行业的竞争壁垒问题，需要考虑自己产品和替代品的竞争关系，需要考虑自己在产业链上、下游的竞争能力，这里常用波特五力分析模型[1]工具。

---

[1] 波特五力模型由迈克尔·波特 (Michael Porter) 于 20 世纪 80 年代初提出，用于行业竞争程度分析。

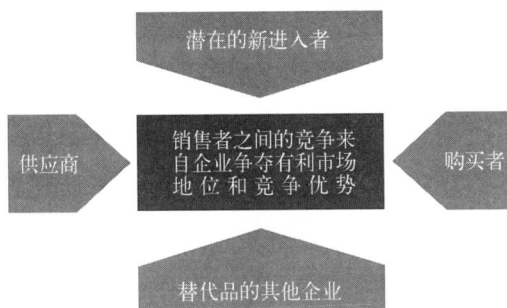

▲波特五力分析模型

如果实际案例涉及分析组织变革原因内容的话，读者要具有一定的思辨能力，因为往往这个时候案例具有一定的误导性和迷惑性，组织需要变革的时候，往往存在以下四点外部特征：

● 企业经营成绩的下降，如市场占有率下降，产品质量下降等；

● 企业生产经营缺乏创新，如企业缺乏新的战略和适应性措施，缺乏新的产品和技术更新；

● 组织机构本身病症的显露，如决策迟缓，指挥不灵，信息交流不畅，职责重叠，管理幅度过大，人事纠纷增多，管理效率下降等；

● 员工士气低落，不满情绪增加，如管理人员离职率增加，员工旷工率增加等。

组织表露出来的外部特征，并不一定代表是其变革的具体原因。读者要根据案例的信息进行分析，和中医"望闻问切"的含义是一样的，要注意观察企业发展的真正瓶颈。

2. 组织的结构

企业组织结构是企业组织内部各个构成要素相互作用的联系方式或形式，通过这样的形式，以求有效、合理地把各成员组织起来，为实现共同目标而协同努力。组织结构是企业资源和权力分配的载体，它在人的能动行为下，通过信息传递，承载着企业的业务流动，推动或者阻碍企业使命的进程。总体而言，企业组织结构是企业的流程运转、部门设置及职能规划等最基本的结构依据，**常用的组织结构模式有职能型组织结构、项目型组织结构、矩阵型组织结构和网络型组织结构。**

职能型组织结构是一种传统的组织结构模式。在职能型组织结构中，每一个工作部门可能有多个矛盾的指令源。这一结构起源于20世纪初法约尔在其经营的煤矿公司担任总经理时所建立的组织结构形式，故又称"法约尔模型"。它是按职能来组织部门分工，即从企业高层到基层，均把承担相同职能的管理业务及其人员组合在一起，设置相应的管理部门和管理职务。例如，在任何一个高等学校里都是纯粹的职能型组织，在学校里的学生隶属于不同的院系。

项目型组织结构是指那些一切工作都围绕项目进行，通过项目创造价值并达成自身战略目标的组织，包括企业、企业内部的部门、政府或其他机构。在这里所谓的项目型组织，不同于我们

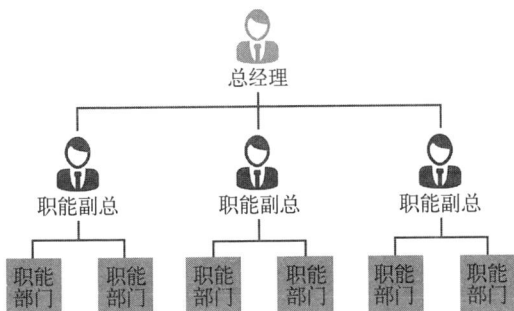

▲ 职能型组织结构

日常所说的项目部，它是指一种专门的组织结构。常常采用项目型组织结构的企业有设计院、承包商、监理公司、项目管理公司、咨询公司、高度离散型制造商等。在项目型组织中，每个项目类似一个微型公司那样运行，完成每个项目目标所需的所有资源完全分配给这个项目，专门为这个项目服务。项目型组织的设置完全是为了迅速、有效地对项目目标和客户需要做出反应。在项目型组织中，为了最大限度地利用项目资源，保证在预算范围内成功地完成项目，需要有详尽而准确的计划和有效的控制系统。

矩阵型组织结构是职能型组织结构和项目型组织结构特征的组合，将两者各自特点混合而成的一种组织结构。

矩阵型组织结构是较新型的组织结构模式，其中设纵向和横向两种不同类型的工作部门。在矩阵组织结构中，指令来自纵向和横向工作部门，因此其指令源有两个。矩阵型组织结构适宜用于大的组织系统。按从两种组织结构中所取之组织特征的大小，

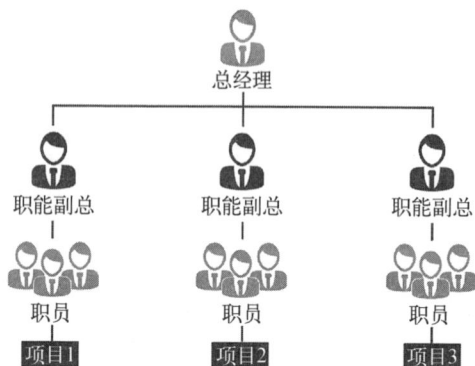

▲ 项目型组织结构

项目的矩阵组织又可分为弱矩阵组织结构、中矩阵组织结构和强矩阵组织结构。弱矩阵组织结构基本保留项目的职能组织结构的大部分主要特征。

网络型组织结构是利用现代信息技术手段适应与发展起来的一种新型的组织机构。网络型组织结构是目前正在流行的一种新形式的组织设计，它使管理当局对于新技术、时尚，或者来自海外的低成本竞争能具有更大的适应性和应变能力。

网络结构是一种很小的中心组织，依靠其他组织以合同为基础进行制造、分销、营销或其他关键业务的经营活动的结构。在网络型组织结构中，组织的大部分职能从组织外"购买"，这给管理当局提供了高度的灵活性，并使组织能集中精力做它们最擅长的事。

网络型组织结构极大地促进了企业经济效益实现质的飞跃，

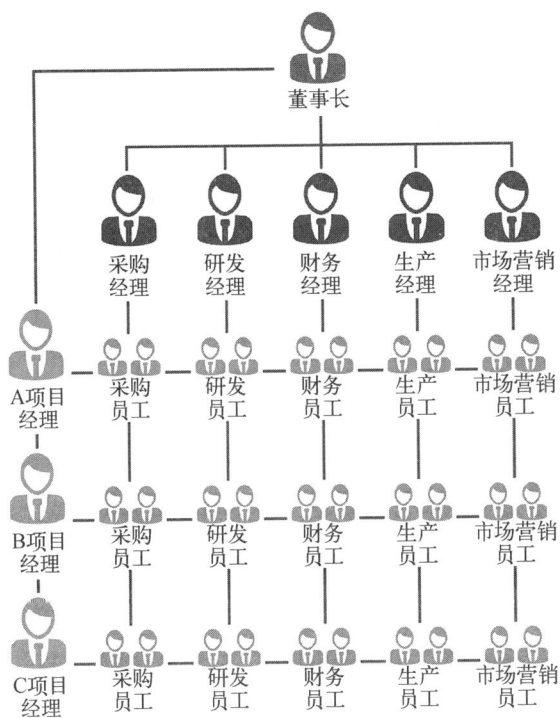

▲ 矩阵型组织结构

▲ 网络型组织结构

降低管理成本，提高管理效益；但是，网络型组织结构需要科技与外部环境的支持。网络型组织结构并不是对所有的企业都适用的，它比较适合于那些制造活动需要低廉劳动力的公司，如玩具和服装制造企业。

3. 组织变革策略

组织变革是一项系统工程，涉及方方面面的关系，因此必须讲究策略。组织变革有以下两种策略：

一是激进式变革，能够以较快的速度达到目的态，因为这种变革模式对组织进行的调整是大幅度的、全面的，可谓是超调量大，所以变革过程就会较快；与此同时，超调量大会导致组织的平稳性差，严重的时候会导致组织崩溃。这就是为什么许多企业的组织变革反而加速了企业灭亡的原因。

二是渐进式变革，则是通过局部的修补和调整来实现。渐进式变革依靠持续的、小幅度变革来达到目的态，即超调量小，但波动次数多，变革持续的时间长，这样有利于维持组织的稳定性。

比较企业组织变革的两种典型模式，各有利弊，企业在实践中应当加以综合利用。在内外部环境发生重大变化时，企业有必要采取激进式组织变革以适应环境的变化，但是激进式变革不宜过于频繁，否则会影响企业组织的稳定性，甚至导致组织的毁灭；因而在两次激进式变革之间，在更长的时间里，组织应当进行渐进式变革。

总的说来，企业应该通过对组织结构的系统研究，制订出理想的改革方案，然后结合各个时期的工作重点，有步骤、有计划地加以实施。这种变革策略有战略规划，适合公司组织长期发展的要求；组织结构的变革可以同人员培训、管理方法的改进同步进行，使得员工有较长时间的思想准备，阻力较小。

五、销售渠道

销售渠道是指某种货物或劳务从生产者向消费者移动时，取得这种货物或劳务所有权或帮助转移其所有权的所有企业或个人，是产品由生产者到用户的流通过程中所经历的各个环节连接起来形成的通道。销售渠道的起点是生产者，终点是用户，中间环节包括各种批发商、零售商、商业服务机构（如经纪人、交易市场等）。

本节的内容对于读者在实际案例分析过程中颇为重要，因为任何企业都存在产品销售的环节，所以本节的内容虽然比较宽泛，但是很利于读者在案例分析过程中使用。本节对销售渠道分成三个方面进行介绍：销售渠道结构、销售渠道发展趋势、销售渠道的管理。

1. 销售渠道结构

销售渠道的结构，可以分为长度结构、宽度结构以及广度结构三种类型。这三种渠道结构构成了渠道设计的三大要素或称为渠道变量。进一步说，渠道结构中的长度变量、宽度变量及广度变量完整地描述了一个三维立体的渠道系统。

（1）销售渠道的长度结构，又称为层级结构，是指按照其包含的渠道中间商（购销环节），即渠道层级数量的多少来定义的一种渠道结构。通常情况下，根据包含渠道层级的多少，可以将一条销售渠道分为零级、一级、二级和三级渠道等。

零级渠道又称直接渠道，是没有中间商参与的一种渠道结构，也可理解为是一种分销渠道结构的特殊情况。在零级渠道中，产品或服务直接由生产者销售给消费者。在IT产业链中，一些国内外知名IT企业，如联想、IBM、HP等公司设立的大客户部或行业客户部等就属于零级渠道。

一级渠道包括一个渠道中间商。在工业品市场上，这个渠道中间商通常是一个代理商、佣金商或经销商；而在消费品市场上，这个渠道中间商则通常是零售商。

二级渠道包括两个渠道中间商。在工业品市场上，这两个渠道中间商通常是代理商及批发商；而在消费品市场上，这两个渠道中间商则通常是批发商和零售商。

三级渠道包括三个渠道中间商。这类渠道主要出现在消费面较宽的日用品中，由于一些小型的零售商通常不是大型代理商的服务对象，故在大型代理商和小型零售商之间衍生出一级专业性经销商，从而出现了三级渠道结构。这类渠道主要出现在消费面较宽的日用品中，比如肉食品及包装方便面等。

（2）渠道的宽度结构，是根据每一层级渠道中间商的数量的多少来定义的一种渠道结构。渠道的宽度结构受产品的性质、市场特征、用户分布以及企业分销战略等因素的影响。渠道的宽度结构分成如下三种类型：

- 密集型分销渠道，也称为广泛型分销渠道，是指制造商在同一渠道层级上选用尽可能多的渠道中间商来经销自己的产品的一种渠道类型。密集型分销渠道，多见于消费品领域中的便利品，比如牙膏、牙刷、饮料等。
- 选择性分销渠道，是指在某一渠道层级上选择少量的渠道中间商来进行商品分销的一种渠道类型。在IT产业链中，许多产品都采用选择性分销渠道。
- 独家分销渠道，是指在某一渠道层级上选用唯一的一家渠道中间商的一种渠道类型。在IT产业链中，这种渠道结构多出现在总代理或总分销一级。同时，许多新品的推出也多选择独家分销的模式，当市场广泛接受该产品之后，许多公司就从独家分销渠道

> 模式向选择性分销渠道模式转移。比如东芝的笔记
> 本产品渠道、三星的笔记本产品渠道等就如此。

（3）渠道的广度结构，实际上是渠道的一种多元化选择。也就是说，许多公司实际上使用了多种渠道的组合，即采用了混合渠道模式来进行销售。比如制造商除了直接成立的销售公司及其分支机构等，还采取直接邮购、电话推销、电子商务等方式实现产品的销售。

▼销售渠道结构

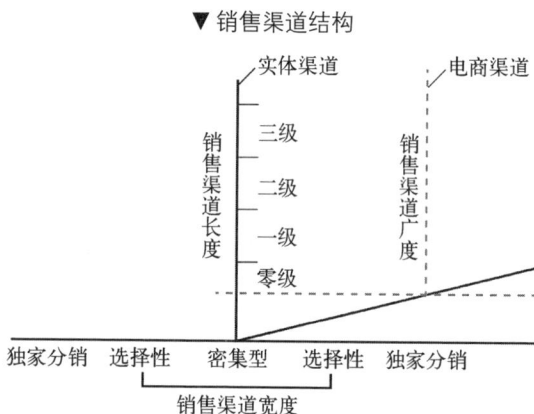

销售渠道结构的选择应该根据目标市场、商品因素、企业本身条件来决定，企业应该根据企业的外部环境和内部情况，选择合适的销售渠道结构，并且不断调整其销售结构来适应变化。

例如，目标市场是影响企业销售渠道选择的重要因素，是企业销售渠道决策的主要依据之一，企业要考虑的市场因素主要包

括：目标市场范围的大小及潜在需求量、市场的集中与分散程度、顾客的购买特点、市场竞争状况等。

例如，各种商品的自然属性、用途等不同，其采用的销售渠道也不相同，主要包括商品的性质、商品的时尚性、商品的标准化程度和服务、商品价值大小等。

例如，企业本身的生产、经营规模，企业的声誉和形象，企业经营能力和管理经验，企业控制渠道的程度等，这些都是企业在考虑销售渠道结构的时候应该考虑的因素。

2. 销售渠道发展趋势

销售渠道的类型按照载体的不同，分成实体渠道、电子商务渠道和移动商务渠道，销售渠道从实体慢慢开始逐步地电子化，在快捷的物流和安全的资金货款的保障下，越来越多的商品实现了销售渠道的电子化。

● 常见的实体渠道有代理商、批发商、零售商、连锁经营商、特许经营商。
● 常见的电子商务渠道的类型主要包括以下四类：
企业对企业(Business-to-Business，即B2B，阿里巴巴)；
企业对消费者(Business-to-Consumer，即B2C，京东)；
个人对消费者(Consumer-to-Consumer，即C2C，淘宝)；

企业对政府（Business-to-Government，即B2G，政府网上采购工程）。

其他如C2B、C2G等，因为模式不成熟，没有相关的成熟应用企业，故这里没有介绍。

● 常见的移动商务渠道的类型包括手机商城、APP商城、微商城、进驻各类移动商务平台的微淘店等。严格地说，移动商务渠道属于电子商务渠道，但是这类渠道的消费者购买行为和传统的电子商务渠道有很大的区别，目前都将这些新兴的以移动终端为载体的商务渠道作为单独研究的对象。

销售渠道还可以按照渠道的载体分为线上渠道和线下渠道。线上（online）是指依托于网络的，在网络上发起，并全部或绝大部分在网络上进行的活动。依托于电子商务、移动终端开展的营销活动称为线上营销，构建的渠道称为线上渠道。线下（offline）是与线上相对应的，这类营销活动是真实的、当面的一系列活动，活动对应的事物是真实存在的实体，这类营销活动被称为线下营销，构建的渠道称为线下渠道。代理商、批发商、零售商、连锁经营商、特许经营商这些实体渠道都是线下渠道。目前在营销界中比较火热的O2O的概念就是线上和线下渠道组合的意思。

按照这样的销售渠道分类，结合企业营销案例，销售渠道目

▼ 销售渠道结构

线上渠道 ———————→ 电子商务渠道 → 移动商务渠道

- -

线下渠道 ——→ 实体渠道　　　·B2B　　　·手机商城
　　　　　　　　　　　　　　·B2C　　　·APP商城
　　　　　　　　　　　　　　·C2C　　　·微商城
　　　　　　　　　　　　　　·B2G　　　·微淘店
　　·代理商
　　·批发商
　　·零售商
　　·特许经营
　　·连锁经营

前有如下的发展趋势：

● 渠道扁平化：**渠道扁平化是以企业的利润最大化为目标，依据企业自身的条件，利用现代化的管理方法与高科技技术，最大限度地使生产者直接把商品出售（传递）给最终消费者以减少销售层级的分销渠道。**当企业的产品较为强势后，为了降低最终传递给消费者的价格，企业一般会削减渠道的长度。

● 渠道立体化：目前线上渠道擅长自我宣传和复制，利于消费者和企业的互动，而且成本较低，但是对于企业的品牌形象的提升效果不明显；线下活动利于企业进行品牌宣传，但是成本较高，而且覆盖面积不广。所以，**渠道的立体化是目前很多企业在尝试使用的方式，利用不同的销售渠道实现产品在不同阶段目标，更好地提升消费者的知晓、尝试和购买率。**通过渠道结构的立体化将不同销售渠道中的主体，厂商、批发商、零售商、代理商、消费者结合起来，构成一个有机的网络系统，提高渠道网络的效率，最终实现渠道主体子系统及渠道客体主系统的优化。

● 渠道服务化：销售渠道目前不仅仅强调渠道是产品销售的通道的功能，还力图增强渠道对于消费者的服务增值功能，使得渠道成为一种服务产品，和通道的产品形成合力共同增强消费者的依赖程度。例如，很多商家提供的厂商联保、免费上门设计、4小时安装到位等一系列服务举措；又如淘宝商城送货后提供垃圾的代丢服务，这些都是渠道服务化的体现。

● 渠道一体化：目前由于渠道商和厂家之间发生的纠纷越来越多，渠道上、下游之间的冲突，厂商和渠道之间的冲突，渠道内部同类产品之间的冲突，这些都促使渠道为了更好地加强管理和渗透市场，采取渠道一体化的方式。一体化和立体化是两个不同的概念，一体化强调的是产权和利益的分配，立体化强调的是不同渠道的覆盖和功能。近期很火的"东北大板"，除却饥饿营销的概念，其成功之处在于选择了和传递怀旧的品牌文化吻合的销售渠道，并且通过贴补电费等方式，做到了销售渠道一体化。

3. 销售渠道的管理

对于这部分内容，各类书籍的分类比较模糊，有具体对实物对象管理的分类，有概念上的渠道管理分类。这里笔者整合了若干分类标准，提出了以下四种渠道管理的框架：

销售渠道的服务管理：对经销商的供货管理，保证供货及时，在此基础上帮助经销商建立并理顺销售子网，分散销售及库存压力，加快商品的流通速度；在保证供应的基础上，对经销商提供产品服务支持，妥善处理销售过程中出现的产品损坏变质、顾客投诉、顾客退货等问题。

销售渠道的利润管理： 加强对经销商广告、促销的支持，减少商品流通阻力；提高商品的销售力，促进销售；提高资金利用率，使之成为经销商的重要利润源；帮助经销商进行合理布局，构建合适本地市场的产品线结构。

销售渠道的绩效管理：加强对经销商订货的结算管理，规避结算风险，在保障厂商利益的同时，避免经销商利用结算便利制造市场混乱；通过控制回款周期等方式保障销售渠道的忠诚度；通过一定的目标控制方法保障销售渠道和厂商的中长期利益相一致。

销售渠道的冲突管理：通过培训增强经销商对公司理念、价值观的认同；负责协调制造商与经销商之间、经销商与经销商之间的关系，尤其对于一些突发事件，如价格涨落、产品竞争、产品滞销以及周边市场冲击或低价倾销等扰乱市场的问题，要及时处理，帮助经销商消除顾虑，引导和支持经销商向有利于产品营销的方向转变。

未来销售渠道发展最关键的趋势是强调动态性，这点和以上提出的四点趋势在分类上是有重合的，所以不能在上文并列提出。未来企业发展在销售渠道结构上的选择和更新是动态的，在不同渠道根据消费者行为改变而负担的功能也是动态的，对于渠道在服务、利润、绩效和冲突上的管理也是随着企业发展而动态变化的，这点需要读者在分析案例过程中灵活运用。

六、公关危机

根据发达国家的发展规律，人均GDP处于1 000美元至3 000美元发展阶段的时候，会集中爆发一系列的问题，如经济结构失调、社会矛盾冲突加剧、群体事件冲突增多等[1]。这个时期是危机频发的阶段，中国目前正处于该社会转型阶段，所以这个话题非常热门。同时，由于科技的发展，信息的传播方式发生了巨大的变化，自媒体的出现、信息传播的多样化、传播方式从线

---

[1] 数据来自库兹涅茨曲线，这是由美国著名经济学家库兹涅茨于1955年提出的收入分配状况随经济发展过程而变化的曲线,是发展经济学中的重要概念。

型变化为网状，造成了不仅仅企业存在负面信息危机，甚至国家、政府机关、组织机构及个人都会面临集中性的负面信息危机。由于这些负面信息对机构或者企业带来严重损伤和威胁，故被称为公关危机。

当出现集中性信息危机的时候，由于信息具有聚焦性、破坏性等特征，需要组织或者企业制定一系列的政策及程序来获得公众的谅解和接纳，从而避免或者减轻危机带来的严重损伤和威胁[1]。公关危机的处理称为危机公关，危机公关具有一定的规律性，需要有组织、有计划地学习、制定和实施一系列的管理措施和应对措施，来实现危机的规避、控制和复兴的目标。**危机公关本身也是一个不断学习和适应的动态过程。**

本节从公关危机的特性、公关危机的处理、公关危机的管理这三个方面对公关危机进行分析。

1. 公关危机的特性

造成公关危机的因素有很多种：对于政府而言，由于地震、火灾或者特大伤亡事故可能会带来公关危机；对于企业和组织而言，生产性意外、环境问题、产品质量、劳资争论及罢工、突发性的敌意收购和兼并、内部人员的贪污腐败和恐怖破坏活动这些因素都能造成公关危机；对于个人而言，品行不端、涉嫌犯罪、

---

[1] 根据爱德华·伯尼斯（Edward Bernays）对危机公关的定义。

违反道德等因素也会造成公关危机。

危机公关本质都是系统摩擦后的矛盾集中爆发，所以各类公关危机还是具有四个共性特征：

（1）具有必然性和普遍性：由于财产的私有化一定会造成利益团体的分化，利益团队的分化一定会造成冲突和矛盾，冲突和矛盾发展到一定的阶段，集中爆发出来就是危机。这也是战争的本质，《资本论》就指出由于私有化的出现，战争是无法避免的。在现代经济社会，由于不同利益体（企业、消费者、政府机构、媒体、股东、员工等）之间的公共关系的存在，必然会产生这些利益体关系之间的摩擦，从而导致危机。所以，公关危机具有必然性和普遍性。

（2）具有突发性和渐进性：公共危机事件具有爆发的特征。某些事件往往在某一个临界点，突然爆破产生巨大的负面影响。爆发的时间节点往往是不可预计或者不可完全预计的。当然，这也是由于危机产生的公共关系系统本身就是一个开放式的系统，每时每刻都受到利益相关体的能量和信息的影响，任何一个环节的矛盾冲突超出了控制力就会导致失衡和崩溃，所以公关危机具有突发性。但是，历来的公关危机的事实证明，公关危机是渐进式形成的，从本质上而言，公共危机的爆发是一个从量变到质变的过程。一般公关危机由四个阶段组成，分别是潜伏期、加剧期、爆发期和消除期。

（3）　具有破坏性和建设性：　集中性的负面信息对于企业、机构而言往往导致其组织完全地丧失正常功能。受到影响的企业和机构往往处于一个不稳定的瘫痪状态，而且由于危机公关的特性，其处理方式方法要求的组织结构和商业日常经营的组织结构完全不同，这个时候非线性的组织结构受到破坏的程度往往要更高。当然，如果在这个时期处理得当，企业可能会提升自己的知名度和形象，能够拉动企业的变革，同时也会在这个过程中凝聚企业的文化，所以公关危机也具有建设性。

（4）　具有聚焦性和消失性：　公关危机在爆发的时候，传统媒体和新媒体都会集中对该事件进行报道和跟踪。往往在很短的时间内，该事件成为社会和舆论关注的焦点，相关利益群体会集中性地对该事件表态和采取措施，使得面对危机的企业和组织完全暴露在公共媒体的监督下。所以，公关危机具有聚焦性。但是，由于新闻媒体的信息容纳程度的饱和特征和人们关注焦点的集中力会发生迁移的特征，公关危机往往在经历了爆发期后，在较短的时间内就销声匿迹，消失在公共舆论的视野之外，所以也具有消失性。但是，这个消失性不代表其破坏程度的消失性，如果企业没有能够采取正面措施来消除影响，那么其负面影响不具有消失性。

由于公关危机具有以上四点特征，所以危机公关的处理原则应该是及时、诚恳、冷静、公正、学会妥协和适变。结合这样的原则，下面对公关危机的处理方式进行分析。

▼ 公关危机的特性和处理原则

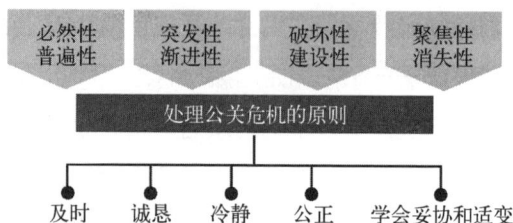

2. 公关危机的处理

公关危机本身就是一个新兴的话题，而且它受到科技的影响极大。媒体技术的不断革新，社会结构的不断变革，对于公关危机的处理和管理都提出了新的命题。对于公关危机的处理，有较多的专业公司进行研究，它们也提出了一些公关危机处理的共性方法，某些传媒危机公关研究中心提出了公关危机处理的相关原则和方法。

这里笔者根据实际教学经验和案例总结，提出了**公关危机的处理应该具有三个特征：针对性、组织性、策略性**。下面以处理方式的三个特征为脉络，剖析公关危机的处理方法。

（1）公关危机处理应该具有针对性：针对**公关危机的四个不同时期，即潜伏期、加剧期、爆发期和消除期**，采取的处理方式应该具有很强的针对性。

在公关危机的潜伏期，对于被负面信息影响的个体或者组织而言，应该仔细甄别负面信息的来源，针对负面信息的传播特点和媒体，采取有效的沟通手段；同时认真检视自己本身的缺陷，结合自己本身的资源采取有效的事前措施，消除公关危机快速爆发的可能性。

在公关危机的加剧期，被负面信息影响的个体或者组织，应该迅速建立危机管理小组，明确问题的本质特征，深入现场了解事实；还要制定或审核危机处理方案方针及工作程序，尽快遏制危机的扩散；统一发布口径，指定新闻发言人等；必要的时候借助专业机构和公关人员的协助。

在公关危机的爆发期，被负面信息影响的个体或者组织，应该保持冷静，在处理事件的过程中实事求是，保持诚恳的态度；妥善做好善后处理，安抚利益损失方，提供相应的赔偿；开放现场或组织专门参观，运用第三方的公正评价来消除危机的影响。这个时期的处理要以稳妥为主，无论是主要责任还是相关责任，都要有一个负责的态度，否则会导致公关危机事件进一步发酵导致更大的公关危机，如马航的MH370事件就是非常典型的处理无力导致事件升级的案例。

在公关危机的消除期，被负面影响的个体或者组织，应该采取低价促销或者买赠附送的让利策略，快速地拉回目标消费者群体的信心；还可以根据当前社会的道德导向，开展一些社会公益活动，参与企业社会责任建设的工作，通过正面的企业形象挽回企业形象。

（2）公关危机的处理应该具有组织性：针对公关危机涉及的利益相关体，组织内部员工、受害者、新闻媒体、相关机构、供应商和消费者采取不同的措施。

针对组织内部的员工，应该统一口径，增加内部员工信心，帮助内部员工从迷茫的状态中解脱出来。

针对受害者，应该迅速提出妥善的补偿措施，不要尝试摆脱责任，要尊重受害者的需求，适度的妥协也是可以接受的。

针对新闻媒体，要以诚恳为第一原则，保持言简意赅的核心内容，实时掌握事件的最新发展，内容通俗易懂，有利于传播，在关键的信息上可以不断重复，要有足够的耐心尊重媒体的需求。

针对相关机构，要及时和政府进行汇报沟通，保证政府能够有足够的耐心等待事件的处理，甚至取得政府的资源协助；要及时和股东等利益相关人沟通，站在这些利益相关人的利益点上，认真思考对策帮助利益相关人减少损失，通过这些方式避免相关机构在事件爆发期对企业采取极端的伤害行为。

针对消费者，要采取适度的利益输送措施，通过让利赠品等方式，消除消费者的疑虑，快速地消除负面影响。

（3）公共危机的处理应该具有策略性：公共危机的处理按照处理的时间介入顺序和事态的发展，应该具有一定的策略性。该部分内容在论述公共危机的特性的时候已经有所介绍，这里再将公共危机处理的策略进行一个简单的总结。公共危机的处理应该把握以下八点策略：

- 高度重视：被影响的组织要高层面介入，将此视为对战略目标影响的因素，要求有调集公司的集中资源的态度。

- 找出问题：要能够甄别出公关危机真正发酵的因素，找出对于利益体的影响是问题的关键。

- 专项组织：成立专项的组织结构来应对公关危机，组织结构要保证信息流和命令流的唯一线性，保证组织结构的严密性和专业性，适度地引入外部专业机构的协助。

- 介入快速：组织介入时间要求快速，第一轮次的沟通要第一时间介入，表明负责的态度是解决公关危机的关键点。

- 承担责任：组织要勇于承担责任，承担责任并不是无原则的表示负责，对于直接责任和连带责任都要通盘考虑，积极的介入态度表明负责能够取得利益相关体的谅解。

- 真诚沟通：在不断和利益相关体沟通的时候，要求把握真正的原则，沟通的内容切记不能造假和刻意掩盖，沉默也可以适度地使用，但是保持沟通的节奏和真诚的态度，能够在某种程度上引导危机的良性走势。

● 合纵连横：处理公共危机的时候，应该充分与政府、行业协会、同行企业及新闻媒体配合，通过开放现场和联合采访等方式，借助第三方的公信力、影响力帮助被影响的企业摆脱负面影响。

● 转移视线：在危机公关爆发的后期，企业采取了妥善处理措施之后，可利用一些相关的信息将公众的视线从危机事件上转移开，避免持续影响企业的正面形象，可以采取企业推出新产品、新发明，企业捐助公益事业等相关新闻，以转移大众的视线，尽快结束公关危机的余震。

● 转危为机：对于企业和组织而言，如果处理公关危机得当的话，企业会提升自己的知名度，提升企业的形象，能够拉动企业的变革，同时也会在这个过程中凝聚企业的文化，所以危机公关可以尝试利用危机为企业带来一些正面的效果。

3. 危机公关的管理

危机管理和危机处理是两个不同的概念：危机管理是发现潜

▼ 公关危机的处理

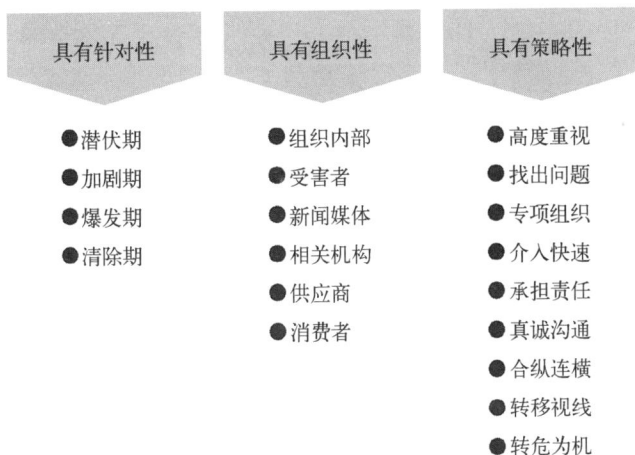

具有针对性	具有组织性	具有策略性
●潜伏期	●组织内部	●高度重视
●加剧期	●受害者	●找出问题
●爆发期	●新闻媒体	●专项组织
●清除期	●相关机构	●介入快速
	●供应商	●承担责任
	●消费者	●真诚沟通
		●合纵连横
		●转移视线
		●转危为机

在的威胁，找到应对的机制；危机处理是应对已经发生的威胁。危机管理和危机处理所需要的技能有所不同，危机管理涉及更宽泛的管理学方面的知识和要求。

　　一个完整的公关危机的周期是涵盖危机管理期和危机处理期的，危机管理期主要包含危机后的重塑期和预防期，危机处理期包含潜伏期、加剧期、爆发期和消除期。危机管理期强调的是如何通过科学地构建企业的权、责、利和人、财、物这些要素，避免这些因素的影响造成内部关系的矛盾，不断在企业内部利益和外部相关者的利益之间寻求平衡，这些是危机管理的内涵。

　　对于危机的管理侧重于以下五个方面的建设：

▼ 公关危机的周期

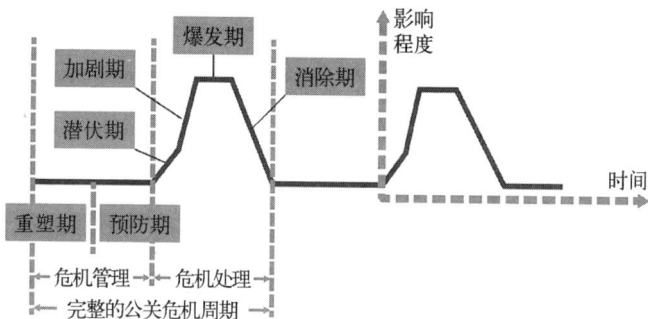

- 加强企业声誉的管理：企业应该通过持续的创新精神，为消费者带来更多的便利，满足更加多元化的需求；企业应该持续保持和媒体的关系，针对不同媒体的特征，采取不同的沟通机制和方法，重视新兴媒体的渠道维护；企业应该承担社会责任，通过承担社会责任的相关活动，加强企业声誉。

- 孕育企业文化的特性：企业应该通过合理的薪酬机制、权力的分配机制、良好的人性化制度、学习的组织文化、持续的人才培养等方式孕育企业独特的文化，使得企业内部产生合力，避免危机的出现。

- 构建企业风险规避机制：企业不应该仅仅依托于职能型的组织架构，对于各个部门之间的权力分配要有风险规避机制的构建，通过运营部门内部、企业内部文件控制和审计三个层面较为独立的部门来规管企业可能发生的腐败。

● 培养领导的危机处理能力：目前很多企业领导者意识到了公关危机对于组织带来的破坏性影响，尝试通过以上的一些措施降低危机的出现概率。但是，危机的特征决定了当危机出现的时候，一定是需要通过强有力的措施，在很短的时间内开展行动。也就是说，领导对于危机的处理能力，某种程度上决定了危机的走势。所以，企业要重视培养领导的危机处理能力。

● 建立危机处理应急预案：企业的日常组织结构和危机处理的组织结构由于任务的不同，肯定存在较大区别。企业应该对如何构建危机处理机构、如何规管危机期的口径、如何协调相关机构、选择何种媒介进行信息沟通等方面的工作有一个全方位的应急预案。对于企业可能在生产性意外、环境问题、产品质量、劳资争论及罢工、突发性的敌意收购和兼并等方面发生的危机有相对应的应急措施预案。

七、绩效考核

绩效考核来自公务员体系的改革，1854—1870 年英国为了改变文官（公务员）制度的冗员充斥、效率低下局面，开始了建立提高注重表现、看才能的考核制度。文官（公务员）制度的产生可以追溯到中国西汉时的官吏任免制度，特别是隋唐时新兴起来的科举制度，近代西方学习古代中国的科举制度，依据本国国情制定文官制度，完善发展，现代中国又学习西方的文官制度建立了公务员考试制度。

根据这样的公务员考核机制，公务员每年逐人逐项地开展考核，根据考核的结果对公务员采取奖励与升降的措施，这样的机制有效地提高了公务员的办事效率，提高政府行政管理的科学性。从此，这样的制度逐步从英国推广开来，美国1887年也在公务员体系开展了绩效考核制度，此后其他国家纷纷借鉴和效仿，对公务员的德、能、勤、绩、廉这五个方面进行考察，根据工作的考核情况对公务员奖励。

绩效考核机制在政府公务员机构的成功实施，使得企业也开始渐渐借鉴这种做法，在企业中推行绩效考核。企业通过绩效考核对员工进行评价，进一步了解员工的能力和潜力，从而作为奖惩、培训、辞退、职务任用与升降等实施的基础与依据。

从人力资源角度而言，员工需要四种力量帮助其成长，分别是通过激励机制实现的推动力，通过竞争淘汰实现的压力，通过约束机制实现的控制力，通过自我价值实现的拉动力。绩效考核能够较好地综合实现和平衡这四种力量。

本节从绩效考核的要素、绩效考核的流程、绩效考核与绩效管理这三个方面进行分析：

1. 绩效考核的要素

绩效考核主要考虑考核周期、考核主体、考核形式、考核导向、考核指标五个要素，这五个要素之间有很大程度上的互相影响，例如考核周期的长短对于考核指标的数量的影响，考核主体的不同导致考核的形式也应该变化，所以在企业的实际绩效考核中，应该有机地结合企业的现况，对这五个要素进行平衡，既能实现较好的绩效目标，也不会招致员工的抵触心理。

（1）考核周期一般分为周、月、季度、年度等。考核周期过于宽松，会导致目标的跟踪不紧，造成绩效目标和实际情况偏差过大的情况；考核周期过于频繁，会造成过多的人力资源浪费，而且由于绩效的考核往往导致目标的短视，对于企业的中、长期的目标实现有弊而无利。同时，考核周期应该考虑到不同的考核层面：对于企业高层而言，往往其目标是较为宏观的战略目标，需要一个较长的时间周期去衡量；对于企业基础员工而言，往往目标是具体的生产任务，需要一个较短的时间周期的考核去不断地校验。

（2）考核主体一般而言是被考核人的直属领导，但是为了更加全面地认知和评价一名员工，目前企业中广泛使用360度绩效考评机制，考核的主体不仅仅是被考核人的直属领导，还包含其平级同事、下级员工，甚至包含客户和合作方。这样的考核主体的变化能够有效地全方位地考核一名员工。但是，这种多角度的方法在改革性的组织并不适用，因为这种方法会导致被考核人较为均衡的工作方式，所以考核的主体并不是越丰富、越全面就越好，而且主体过多，会造成大量的管理成本的浪费。

（3）考核形式一般采取打分量表的形式，通过目标的分解，结合不同岗位的职能目标，设定不同岗位的打分量表，最后以分值或者系数的形式进行反馈，这属于较为常见的定量考核形式。目前在原来单纯否定定性考核的基础上，逐渐发现完全的定量考核并不是万能的良药，因为考核的最终目的是帮助员工修正方向，但是过于强调定量会导致员工在某种程度上矫枉过正，造成企业的潜在损失。所以，目前的考核形式也有一些创新和变化，尤其在一些已经具有较为强势的企业文化的创新型企业，定性考核也开始被关注和使用。

（4）考核的导向可以从奖励和惩罚这两个角度去开展。有个故事说明考核导向的重要性，是说在运输奴隶的商船上，以前考核的方式是强迫船主避免奴隶的死亡，经过很长时间的努力，也不见效果。后来修改考核为按照活着的人头进行结算奖金，很快奴隶的死亡率就降低了。考核的导向决定了员工的行为方式：如果考核是惩罚员工的工具，那么员工就会尽量避免犯错，导致缺乏创造力和创新，对于企业而言可能会丧失对环境适应的能力；如果考核是使得员工和组织的战略目标相一致，那么员工就会自动地将自己行为和组织目标结合起来。当然，考核完全单纯地提倡奖励也是缺乏科学性的,因为不同的劳动工作性质和失误后果,决定了在实际工作中,这二者的考核导向应该有机地结合起来。

（5）考核指标主要分成业绩、行为和能力三个部分：业绩对于员工完成任务的数量、质量和时效性进行考核；行为对于员工的主动性、责任心、协调性和工作态度进行考核；能力对于员工的判断能力、合作能力、理解能力和专业知识进行考核。这三个部分形成了员工的考核指标体系,保障组织完成任务的考核指标被称为关键性考核指标（KPI）。

绩效考核对于员工劳动效率的提高有很大的效果,但是绩效考核并不是万能良药,最容易变成管理者的管埋工具,而这种工具使用不当的负作用影响极其深远。尤其在本知识点的第三部分关于绩效考核和绩效管理的内容中,会提及绩效的目标如果丧失了和企业发展目标之间的有机动态关联,绩效考核对于企业而言可能是具有负作用的。近期索尼公司的业务下滑较为明显,其自我检视造成这种局面的原因,就是因为过于庞大而强势的绩效考核导致企业丧失了创新能力。总之,绩效考核应该遵循以下原则：信息对称、双向反馈、公正客观、奖惩结合、条线清楚、等级差别。

2. 绩效考核的流程

绩效考核主要由三个环节构成：绩效目标制定、业务反馈指导、业绩评价报偿。这三个环节能够实现绩效考核的闭环控制。

其中，绩效目标制定是指对于不同岗位人员的具体绩效目标进行明确的过程，业务反馈指导是引导员工正确地认识绩效目标，指导员工的具体工作方法，业绩评价报偿是对员工的绩效指标定期评估后的相关奖惩措施实施。

绩效考核的三个环节具体有九个步骤，这九个步骤分别是：详细的岗位职责描述、尽量将工作量化、确定考核指标、人员岗位的合理安排、听取被考核者对于指标的意见、岗位指标体系培训、考核指标核算和记录、考核分数的汇总和分类、提取被考核者的意见。这九个步骤是对三个环节中涵盖的绩效考核工作的详细解释。

企业应该通过绩效考核，把员工聘用、职务升降、培训发展、劳动薪酬相结合，使得企业激励机制得到充分运用，有利于企业的健康发展；同时，对员工本人也便于建立不断自我激励的心理模式。

· 详细的岗位职责描述
· 尽量将工作量化
· 确定考核指标

· 人员岗位的合理安排
· 听取被考核者对于指标的意见
· 岗位指标体系培训

· 考核指标核算和记录
· 考核分数的汇总和分类
· 提取被考核者的意见

▲ 绩效考核的环节和步骤

3. 绩效考核和绩效管理

很多企业很单纯地将绩效考核作为一个工具来提高员工的生产率，但是在这个过程中，经常会发现考核受到员工的抵制，或者考核得越严格，企业的效益下滑得越严重。这些不是说绩效考核这个工具本身存在什么问题，而是企业没有将绩效考核和企业的战略实现有机地结合起来，考核流于形式，没有帮助企业形成核心竞争力。

企业需要将绩效提升到战略的高度进行认识，各级管理者和员工为了达到组织目标，共同参与绩效计划制定、绩效辅导沟通、绩效考核评价、绩效结果应用、绩效目标提升的持续循环过程，这个过程就被称为绩效管理。绩效管理的目的是持续提升个人、部门和组织的绩效，通过个人、部门和组织的绩效最终实现企业的战略目标。

绩效管理的过程需要企业首先明确自己的愿景、使命，根据其发展战略决定企业年度目标；然后根据企业的战略目标和组织发展的需求，确定部门的年度发展目标；再根据不同部门的宗旨和配置，确定部门的年度重点工作计划；再根据不同部门的员工岗位职责书，确定不同岗位的个人年度目标；最后根据个人的业务重点，确定个人的考核指标。绩效管理要求在部门和个人两个层面上实施不同周期和形式的考核，通过这两个层面的考核闭环实现企业战略发展的自纠偏功能。通过这样的解读，读者应该可以理解到绩效考核只是绩效管理的一个环节，常见的绩效管理是包含绩效考核的，绩效考核只是实现绩效管理的具体支撑手段。

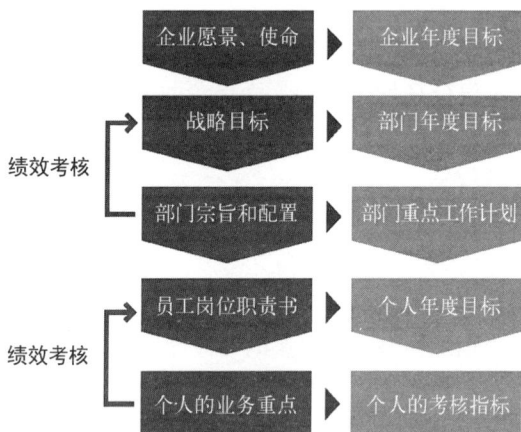

绩效考核

绩效考核

▲ 绩效管理的目标体系

八、兼并收购

兼并和收购简称为并购，指的是两家或者更多的企业合并为一家企业的行为。兼并是指两个或者两个以上的企业合并为一个全新的企业，在合并的过程结束后，多个企业的法人变为一个法人的过程，在这个过程中原有的企业消失。收购是指一家企业通过现金或者有价证券的方式控制另外一家企业的股票或者资产，获得这家企业的全部资产或者某项资产的控制所有权，这个过程中被控制的企业并不消失。

本节从兼并收购的类别、兼并收购的动机、兼并收购的要素这三个方面进行论述。

1. 兼并收购的类别

兼并和收购的行为受到整个社会的科技发展影响较大，一般在由于科技集中突破而对生产力效率提升的革命期间，都会产生较大规模的兼并和收购浪潮。从某种意义上而言，兼并和收购是社会资源和资产的一个重新配置的过程。

在19世纪的中期，当时科学技术在动力使用方面取得了重大的进步，导致了铁路、冶金、石化和机械等行业产生大规模的并购行为。许多这类行业的企业通过资本上的集中形成了新的巨大的垄断性公司。在1899年美国并购高峰时期，公司并购达到1 208起。1895—1904年的并购高潮中，美国有75%的公司因并购而消失。在工业革命发源地英国，并购活动也大幅增长，在1880—1981年间，有665家中小型企业通过兼并，组成了74家大型企业，从而垄断了主要的工业部门。

在20世纪20年代发生的第二次并购浪潮，具有资金实力的行业垄断性企业为了进一步降低交易成本，扩展对于市场的垄断地位，开始了在生产环节系统的上下游的兼并和收购行为，这是较为典型的纵向并购行为。这些具备大量资金的企业通过这样的并购行为，在一些主要的工业国家的主要经济部门出现了典型的托拉斯组织，这些行业进入了完全垄断或者寡头垄断的格局。为了避免这些企业操控行业影响国家安全，政府出台了反垄断法[1]。

20世纪50年代中期，经历了资本主义的大萧条后，一些主要的资本主义工业国家由于第三次科技革命的兴起，以及一系列新的科技成就在各行各业的使用，这些国家的企业开始兼并和收购相关行业的企业，帮助自己更好地构建企业的竞争力。这个阶段的兼并和收购以混合型并购为主要特点。

在20世纪80年代以前的并购，其产生的主要原因是企业不断追求规模上的扩大，但是在80年代后开始的第四次兼并和收购的浪潮，其特点是开始强调资产的杠杆化，通过兼并和收购实现资产投资的杠杆化，在短时期内获得巨额的金融市场的回报。这个时期主要是由于金融行业的创新，导致了兼并和收购活动的频繁出现。

进入20世纪90年代以来，由于经济全球化和一体化的发展，企业为了实现各种企业跨国行为，发现通过兼并和收购的手段来实现目标，远比直接投资要更简单和快捷。从统计数据看，1987年全球跨国并购额仅有745亿美元，1990年就达到1 510亿美元，2000年全球跨国并购额达到11 438亿美元。近期受到美国经济走势的影响，全球经济较为萎靡，各个国家的经济的开

---

[1] 第一部反垄断法是美国在 1890 年出台的《谢尔曼法》。

放程度反而有所降低，很多跨国企业的兼并和收购行为受到了被兼并和收购企业所在国家的反对。

通过了解兼并和收购的发展史，读者应已较为清晰地掌握了兼并收购的类型。一般而言，**兼并收购分成三种类型，分别是横向收购、纵向收购、混合收购**。很多学者指出从第四次兼并和收购的浪潮中，其行为开始转为战略收购，所以应该具有第四种类型。但是，笔者认为这是兼并收购的动机，就其本身的行为而言，参考战略收购发生行为的主体之间的关系，战略收购仍然属于混合收购、横向收购等类型中的一类。

（1）横向兼并收购是指企业通过收购国内或者国际上同类型的企业发生的兼并收购行为，企业通过横向兼并收购可以快速地提高在本行业内的市场份额和竞争优势。第一次和第五次兼并收购浪潮的行为大多数是这种类型。

（2）纵向兼并收购是指企业在同一产业的上下游之间的并购。纵向兼并收购行为往往发生在企业和其供应商、需求商之间。纵向兼并收购可以降低企业在本行业的单位成本，帮助企业更好地控制生产和销售环节，提高企业的利润率。第二次兼并收购浪潮的行为大多数是这种类型。

（3）混合兼并收购是发生在不同行业企业之间的并购。混合兼并收购是由于企业受到激烈的竞争环境的影响，受到更好地分散风险和寻求范围经济的目的驱使，企业和其他行业企业之间发生的兼并收购行为。这种兼并和收购又被称为企业的多元化。混合并购就是多元化的一个重要方法，为企业进入其他行业提供了有利、便捷、低风险的途径。第三次兼并收购浪潮的行为大多数是这种类型。

▼ 兼并收购的发展和类型

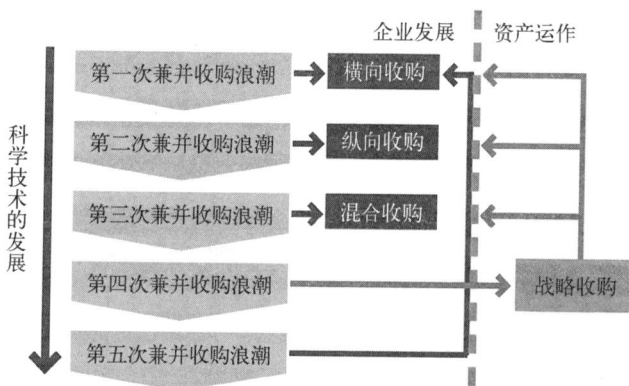

2. 兼并收购的动机

兼并收购行为的动机主要有两种：一种是使得企业在短期和长期获得更有效的竞争优势；还有一种是通过资本杠杆获得快速的资产回报。随着政府对金融机构规管的严格，第二种兼并收购的行为变得越发的困难，所以这里主要还是讨论兼并收购如何帮助企业**构建核心竞争力**。

兼并收购的主要有以下七种常见动机：

（1）实现规模效应：通过横向兼并收购行为，企业通常能够减少功能重复的部门和人员，通过降低内部管理成本的方式实现企业的低成本战略。

（2）实现范围效应：通过混合型的兼并收购行为，企业可以有效地整合不同产品和服务的营销渠道，实现企业在不同产品和服务的需求端效率的改变，提高企业的经营利润。

（3）降低交易成本：通过纵向型的兼并收购行为，企业可以跨越供应商和需求商之间的边界。企业的最佳规模是当企业内部的边际组织成本与企业外部的边际交易成本相等时的规模。企业意识到通过并购可以将企业间的外部交易转变为企业内部行为，从而节约交易费用。

（4）避免市场竞争：通过横向兼并收购行为，企业可以快速地消灭本行业中的竞争对手，增加自己的营业额或者市场占有率，从而在本行业具有更强的话语权力，保障企业在本行业的发展空间。这种收购常常出现在新科技领域的公司之间。

（5）降低企业风险：对于大规模的集团企业而言，如何保障企业长时期的发展是最核心的考虑关键点，通过多样化的方式来平滑公司的业绩，降低企业的经营风险，给投资者带来长期的投资信心。

（6）整合核心竞争力：企业在发展过程中，对于构建企业的竞争优势方面缺乏一些有效的因素，例如缺乏品牌的形象，所以导致产品线无法上移；例如无法降低产业链上的供给成本，导致企业竞争不利。出于这些原因，企业往往会通过纵向产业链的整合等方式来实现这样的目的。

（7）降低财务成本：为了避免财务上巨额税收等因素，一些盈利的公司尝试通过收购一家亏损的企业，来避免巨额的税收成本，这种行为在一些成熟的发达资本主义国家常有出现。

以上为企业在发展过程中兼并收购的主要动机，这些动机可以被归结为一点，就是企业如何通过兼并和收购行为，实现整合企业原有核心竞争力之间的协同和互补效应。如果实现了这样的协同和互补效应，那么这种兼并收购的行为就是成功的。

▼兼并收购的主要动机

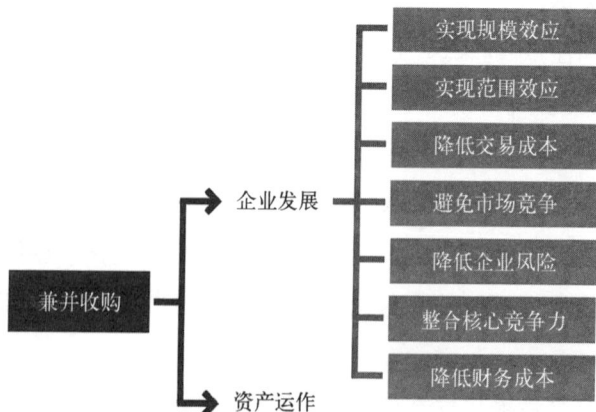

3. 兼并收购的要素

在中国市场上，目前三种类型并购都有发生，而在所有的兼并收购行为中近50%是横向收购。当然，随着这几年互联网经济和金融业的融资不断创新，混合并购行为在一定程度上有所发展；纵向并购目前发生的频率不高，一般被限制在钢铁、石油等基础工业行业。

对于兼并收购行为取得成功的要素比较难以做出一个清晰的界定，因为本身兼并收购行为是否成功的标准也很难界定，在短期和长期不同的时间阶段观察兼并收购行为所得到的结论往往不同。目前企业界对于兼并和收购行为是否成功的标准，就是看这个行为发生时，企业的原定收购目标是否实现，如果在这个行为发生时原定目标得以完成，可以基本判定这次兼并收购的行为已经成功。

兼并收购行为是一个动态的系统过程，这个过程一般分成四个阶段，不同阶段关注的要素不同，只有系统地观察这个过程，在不同的阶段关注不同的要素才能取得兼并收购的成功。

（1）兼并收购的第一个阶段：准备阶段。这个阶段要求企业根据自身的发展战略去构思未来收购企业的轮廓，对于拟收购企业的行业、规模、能力和技术水平等要素进行圈定，按照这个量化的标准去选定拟收购的目标企业。

（2）兼并收购的第二个阶段：设计阶段。这个阶段要求企业根据评价结果、限定条件（最高支付成本、支付方式等）及目标企业意图，对各种资料进行深入分析，统筹考虑，设计出数种并购方案，包括并购范围（资产、债务、契约、客户等）、并购程序、支付成本、支付方式、融资方式、税务安排、会计处理等。

（3）兼并收购的第三个阶段：谈判阶段。这个阶段要求企业根据具体的判定条件和拟收购企业开展会谈。在这个阶段中，第二个阶段方案若是能够接近拟收购对象的要求则会很快达成协定，否则很有可能会再次进入第二个阶段重新设计方案。

（4）兼并收购的第四个阶段：整合阶段。在这个阶段中，对新整合后的企业在人力资源、业务流程等方面进行重新设计，从而尝试达到收购行为的目的。这个阶段是兼并收购行为的最后环节，也是决定兼并收购行为是否成功的重要环节。值得注意的是，

▼ 兼并收购的不同阶段

准备阶段	● 对于拟收购企业的行业，规模、能力和技术水平等要素进行圈定
设计阶段	● 对各种资料进行深入分析，统筹考虑，设计出数种并购方案
谈判阶段	● 企业根据具体的判定条件和拟收购企业开展会谈
整合阶段	● 对新整合后的企业在人力资源、业务流程等方面进行重新设计，从而尝试达到收购行为的目的

很多兼并收购行为的失败，都是从第四个阶段开始显现的，但其实造成兼并收购失败的原因不一定是整合无力，而是在前面阶段中因素的显现。

由于量化工具方式的应用，近期兼并和收购行为的成功概率有一定的提升，但是仍然有超过50%的兼并收购行为被认为是失败的。为什么兼并收购有如此高的失败比率？根据一些学者通过实证案例的分析，得出**以下造成兼并收购行为失败的五个主要原因：**

- 政府规管过多，造成收购行为市场化程度过低。
- 主营业务规模不够支撑兼并收购后的规模，失去协同效应。
- 估价过于乐观，造成收购的溢价远超收益回报。
- 整合方案不利，并购整合进程缓慢，伴随环境改变造成收购行为失效。
- 企业文化不兼容，管理者的代理成本过高造成人为破坏企业整合进程。

兼并收购在目前案例讨论中，是一个较为热门的话题。以上海市某知名高校为例，近三年来的实战案例中都涉及了这个话题，所以读者应该对此话题保持一定的关注，注意收集一下近期的兼并收购的相关案例，对于读者通过面试有很大的帮助。

九、领导风格

从这个视点开始介绍的知识点，都是提供给读者在讨论时"务虚"使用的。本书是以面试通过的应试教学目的为主，所以以下四个视点不会过于详细，只是简单地将这些视点的概念和要素介绍给读者，读者如果对此感兴趣的话，可以尝试自己开展相关内容的延伸阅读。

领导学领域的研究有三大要素，分别是领导者、被领导者和领导环境。

这三个要素之间的关系和影响，构成了领导学的理论研究基础。

其中，领导风格是指领导者个体在一定环境下，对于被领导者的日常管理中体现出来的倾向性。根据戈尔曼的研究，一共存在六种领导风格，每一种领导风格都源于情商的不同组成部分。领导者掌握了四种或者更多领导风格，尤其是远见型、民主型、关系型以及教练型领导风格，往往会营造出良好的工作氛围并取得较好的绩效。

（1）远见型领导者指的是努力动员团队共同为了一个理想而努力的领导者风格。远见型领导对于被领导者的具体工作方式的容忍程度较高，该类型的领导在创业型企业中较为常见。

（2）关系型领导者关注以人为中心，这种类型的领导努力在员工中创建一种和谐的氛围，实现和谐的工作环境。这种领导风格在成熟型的企业中较为常见。

（3）教练型领导者发展人才以备将来之需。这类领导者尝试不断寻找到被领导者的优点和缺点，根据被领导者的个人特点来进行任务分配，在这个过程中尝试提供给员工长期学习的机会，谋求员工自身和企业发展的统一性。这种领导风格在快速成长的企业和行业中较为常见。

（4）民主型领导者则强调被领导者的参与，要求被领导者通过自主参与而达成一致意见。这种领导方式常见于非营利组织或者民间机构。

（5）示范性领导者强调通过自己的绩效榜样作用来要求和带动被领导者，这种类型的领导者比较追求完美的过程和结果，常见于创新型企业。

（6）命令型的领导需要别人的立即服从，对于组织或者企业的执行效率要求较高，这种领导者常见于军队组织或者家族企业。

一般而言，成功的领导者往往不拘泥于一种风格，成功的领导者是几种领导风格的融合体；领导者应该根据组织的不同发展阶段和企业的实际情况，采取不同的领导风格；领导者的风格有天生的

▼ 领导风格的类型

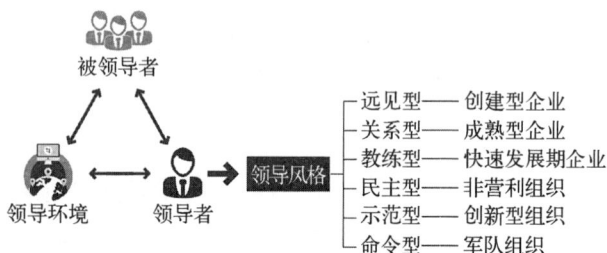

远见型——	创建型企业
关系型——	成熟型企业
教练型——	快速发展期企业
民主型——	非营利组织
示范型——	创新型组织
命令型——	军队组织

性格因素造成，也和领导者的后天学习培养有很强的关联。目前强调企业的领导者应该根据被领导者和领导环境的变化，来不断地调整自己的领导行为和风格，以更好地适应组织行为。

十、产业结构

产业结构是指经济体内不同产业的构成和不同产业之间的联系和比例关系。不同产业部门的构成、不同产业部分之间的相互联系和比例关系都不相同。不同产业的构成、各个产业之间的相互关系、对经济增长的贡献度等特征被统称为产业结构。

研究产业结构主要是研究生产资料和生活资料两大部类之间的关系。按照不同的分类标准，产业结构有不同的划分类型。如果按生产活动性质，可以将产业部门分为物质资料生产部门和非物质资料生产部门两大领域：前者指从事物质资料生产并创造物质产品的部门，包括农业、工业、建筑业、运输邮电业、商业等；后者指不从事物质资料生产而只提供非物质性服务的部门，包括科学、文化、教育、卫生、金融、保险、咨询等部门。

如果按照社会生产活动历史发展的顺序，产品直接取自自然界的部门称为第一产业，对初级产品进行再加工的部门称为第二产业，为生产和消费提供各种服务的部门称为第三产业。这种分类方法是世界上较为通用的产业结构分类方法。

如果按照各产业所投入的、占主要地位的资源的不同为标准来划分的话，**根据劳动力、资本和技术三种生产要素在各产业中的相对密集度，可以把产业划分为劳动密集型、资本密集型和技术密集型产业。**一般来说，目前劳动密集型产业主要指农业、林业及纺织、服装、玩具、皮革、家具等制造业；资本密集型产业主要指钢铁业、电子与通信设备制造业、运输设备制造业、石油化工、重型机械工业、电力工业等；技术密集型产业包括微电子与信息产品制造业、航空航天工业、原子能工业、现代制药工业、新材料工业等。

我国目前产业结构方面的主要矛盾点在于：在第一产业类型

▼ 产业机构的分类

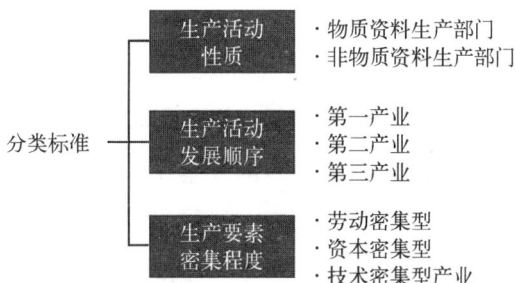

分类标准

生产活动性质	·物质资料生产部门 ·非物质资料生产部门
生产活动发展顺序	·第一产业 ·第二产业 ·第三产业
生产要素密集程度	·劳动密集型 ·资本密集型 ·技术密集型产业

上，耕地等自然资源人均数量过低，造成人力资本浪费严重；在第二产业类型上，中国由于以加工制造出口为主，国内需求能力不足，造成人均劳动收入较低，该类型的需求相对不足；在第三产业类型上，中国的城市化进程严重不均衡，东西部区域的经济发展程度不平衡造成的第三产业的区域化特征明显，所以第三产业始终无法与总体经济发展相匹配。

十一、企业文化

从广义上说，文化是人类社会历史实践过程中所创造的物质财富与精神财富的总和；从狭义上说，文化是社会的意识形态以及与之相适应的组织机构与制度。

企业文化又称组织文化，是指在一定的环境下，企业在生产经营和管理活动中体现出来的具有其企业特色的精神财富和物质形态的总和。一般而言，企业文化的具体体现有文化观念、价值观念、企业精神、道德规范、行为准则、历史传统、企业制度、文化环境、企业产品等。其中，企业文化的核心是企业价值观。

企业文化是企业在生产经营中逐步形成的，它表面上具有非强迫性，但却是为全体员工所认同并遵守的，所以往往又体现出一定的强迫性。企业文化和文教、科研、军事等组织的文化性质是不同的，企业文化的构建过程更加缓慢，而且含义和内容也较为丰富，企业文化中的价值观甚至包含企业或企业中的员工在从事商品生产与经营中所持有的价值观念，也就是说，这样的企业文化甚至延伸到了员工本体行为的价值准则。例如，苹果公司对于员工保密原则的要求，已经成为苹果员工的自发行为，而乔布斯带给苹果公司的自信和偏执，也成为企业文化的一个不断创新的动力。

20世纪80年代初，美国哈佛大学教育研究院教授泰伦斯·迪尔和麦肯锡咨询公司顾问艾伦·肯尼迪在长期的企业管理研究中积累了丰富的资料。他们把企业文化整个理论系统概述为五个要素，即企业环境、价值观、英雄人物、文化仪式和文化网络。

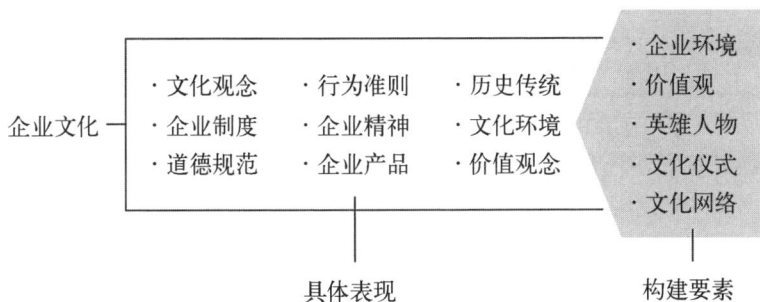

企业文化	具体表现			构建要素
	· 文化观念	· 行为准则	· 历史传统	· 企业环境
	· 企业制度	· 企业精神	· 文化环境	· 价值观
	· 道德规范	· 企业产品	· 价值观念	· 英雄人物
				· 文化仪式
				· 文化网络

其中，企业环境往往决定了企业的行为，是文化构建的初始原点。企业环境指企业性质、企业的经营方向、外部环境、企业的社会形象、与外界的联系等方面。

价值观是指企业内成员对事件或行为的判断标准，在一个成熟的企业文化中，所有成员的价值观较为趋同。价值观是企业文化的核心，统一的价值观导致企业内成员的行为趋同和一致，这样对于企业而言在管理成本和执行效率上会得到极大的改善。

英雄人物是指企业文化的核心人物或企业文化的人格化，其作用在于作为一种活的样板，给企业中其他员工提供可供仿效的榜样，对企业文化的形成和强化起着极为重要的作用。

文化仪式是指企业内的各种文娱活动或者聚会，通过这些具体的形式把企业发生的事情生动化和形象化，使得员工通过这些生动活泼的活动来领会企业文化的内涵。

文化网络是指非正式的信息传递渠道，主要是传播文化信息。它是由某种非正式的组织和人群，以及某一特定场合所组成，它所传递出的信息往往能反映出职工的愿望和心态。

企业文化的构建能够成为企业的核心竞争力，企业家非常关注这一点。但是，失败的企业文化案例比比皆是，如五谷道场尝试宣传健康的企业文化，但是在经销商渠道的构建上却总是拖欠货款，导致不诚信的形象完全掩盖了自己企业倡导的文化。

常见的企业文化构建失败的原因如下：

- 企业文化不是简单的文化仪式的表演，需要在一定的企业环境下，找到统一的价值观并且不断地加强它，所有的方式应该围绕价值观开展践行。

- 企业文化不是单纯的企业领导的意识输出。固然，乔布斯的风格影响了苹果，但是如果领导者过于强调自己的风格输出，往往导致企业的文化建设过于僵硬，成为阿谀奉承的工具。

- 企业文化的构建不是一蹴而就的事情，不是通过一个企业文化手册的宣传、一个企业文化的典礼就表明企业文化已经构建成功。企业文化需要一个较为漫长的时间，通过统一的价值观慢慢影响每一个员工。

- 企业文化的构建需要企业各个部门的统一协作，企业文化往往被定义为人力资源部门的事情，其实企业文化不仅仅体现在薪资体系、管理制度、福利待遇等方面，它是公司每一个部门处理事务的集合，所以应该是统一协作的体现。

- 企业文化需要自上而下的贯通，企业文化不是将苛刻的工作要求精神化，对于企业的高层、中层而言也同样需要遵守统一的价值观和行为准则。能够让员工自发地接受的价值观，和员工的幸福感勾连的价值观才能实现这样自上而下的贯通。

十二、企业社会责任

企业社会责任是指企业的存在价值不仅仅是创造利润和对股东负责。为了更长久的发展空间和目标，要求企业在经营的同时还要承担对员工、消费者、社区和环境的责任。企业的社会责任要求企业超脱仅仅将利润作为唯一生存目标的传统理念，而是强调企业应该将自己放入一个系统的生态环境中，关注所有利益群体的兴趣，消除企业生态系统中的矛盾，最后实现企业的长久发展。

20世纪80年代以来，企业社会责任运动开始在欧美发达国家逐渐兴起。消费者的关注点由单纯关心产品质量，转向关心产品质量、环境、职业健康和劳动保障等多个方面。一些涉及绿色和平、环保、社会责任和人权等的非政府组织以及舆论也不断呼吁，要求社会责任与贸易挂钩。迫于日益增大的压力和自身的发展需要，很多欧美跨国公司纷纷制定社会责任守则，开始通过关注环境保护、职业健康、社会责任认证等方面的利益，来应对不同利益团体的需要。

企业在承担社会责任的时候，一定会产生一些成本，在短期内和企业利润追求有一定的冲突。但是，企业在承担社会责任的时候，消除了将来可能发生的矛盾冲突，节省了矛盾冲突的巨额成本，所以从长期角度而言和企业营利的目的并不冲突。企业应该将承担社会责任的成本视作投资，而不是费用。

目前世界上一些国际组织对推进企业社会责任非常重视，并成立了相关机构和组织，企业社会责任工作正在全球迅速扩展。联合国2000年实施的"全球契约"计划，提倡包括人权、劳工、环境和反腐败等4个方面的十项原则，已有2 900多家世界著名企业加入了该全球契约。经济合作与发展组织、国际劳工组织、国际标准化组织、国际雇主组织等，也都积极推行企业社会责任，这些组织不断推进企业在承担企业社会责任方面的意识共识。

以上对十二种案例视角进行了较为详细的解释和说明。熟悉这些知识点能够帮助读者应对各种组面案例，同时也是个人面试成功的重要基础。

第三节 组面观点的提炼角度与技巧

目前一些院校在面试学生的时候，为了保障公平性，避免学生在面试过程中受到他人的启发和影响，导致组面面试过程中的内容原创性不足，要求学生在面试谈话前将自己的组面观点进行撰写，从而更好地实现组面的公平性。本节的内容针对的就是这个要求。

根据实际教学经验，学员对于如何快速提炼组面观点的应试技巧极为感兴趣，很多学员由于工作繁重的缘故，对于通过锻炼思维能力而实现提升观点输出质量的过程感觉比较烦琐。但是，目前各大院校对于学生通过短期的模板培训来尝试通过面试的趋势，表示出了极强的抵制，因为这样的培训行为会导致学校选材的偏失。所以，这里按照思维三部曲的步骤，提出一些常见的组面案例观察视角，供读者参考。作为本书的作者，还是建议读者能够通过不断的思维训练，形成自己的思维模式，组合案例信息和数据，实现输出思想，这样不仅仅面试的成功概率较高，而且也能使读者在将来的工作、学习中受益无穷。

（1）组面观点提炼的第一层面是首先对问题本身进行分析，知其问题的必变、所变和不变。

- 尝试针对企业的发展过程分阶段地进行总结，对于企业不同发展阶段的主要做法进行罗列，找出企业发展的主思路（必变）；
- 针对企业在发展过程中的关键点组织发言，找到企业核心竞争力的转变，分析在这些转折点上企业有哪些好的做法和缺点（必变）；
- 针对企业目前的发展现况进行分析，找到企业目前发展的战略目标，提出具体战略目标应该如何根据环境和竞争压力的不同而变化（所变）；
- 尝试针对企业的战略目标，提出具体的战术支撑方案，战术支撑方案要具有一定的逻辑和分类（所变）；

● 尝试找到企业在发展历程中的关键主线，分析这些
  主线是如何传承和自我成熟的，这样的关键主线对
  于企业未来的发展有何借鉴意义（不变）。

（2）组面观点提炼的第二层面是将这个问题上升到一般规律
的高度，找出个性问题到共性特征的过程。

● 尝试将企业发展中遇到的问题提炼为一种类型的问
  题，描述这类问题的解决关键和措施；
● 找到企业发展中遇到问题的联系，将种种问题的表
  象结合起来，找出企业目前发展中的真正瓶颈问题，
  然后针对这个瓶颈问题进行剖析并提供解决意见。

（3）组面观点提炼的第三个层面是找出这个一般性规律（问
题）和其他事物之间的广泛联系。

● 将企业的问题和其他同行业的企业、同类型的企业、
  同区域的企业进行关联，指出这样的问题是企业在
  发展过程中的共性问题，并提供一些宏观解决意见；
● 在企业问题提炼到一种类型问题的基础上，进一步
  提出这类问题和其他类型问题的联系，尝试用更加
  宏观的问题来覆盖和解决这类实际基础问题；

● 尝试使用相反的视角观察这个问题，找出问题和其他
事物之间的积极作用关系，体现出完整的思辨能力。

以上内容是笔者在实际教学中，按照思维三部曲总结出来的组面案例观点抽取的一些视角，在实际教学中，需要老师根据学生的案例模拟反应不断引导，才能使得学生较好地掌握这些观点提炼方式。

为了方便读者能够在组面的时候进行快速的知识要点的记忆，从而进行案例分析观点的有效输出，结合教学实践经验，针对组面面试案例分析的核心问题：如何分析企业发展的过去、现在和将来进行核心竞争，笔者提供了"双手知识要点记忆"方法。

首先，将你的左手面对你：

· **手心面向自己**
营销五步口诀

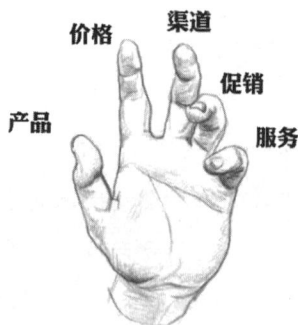

价格　**渠道**
促销
产品　　**服务**

左手手心面对应企业营销的常见五种切入角度：

（1）产品（王道）：产品创新，痛点满足，痒点抓取，产品线拓展，产品线精简，产品碎片化，产品迭代，产品最小化原型，产品试错，产品冗余竞争。

（2）价格：价格定位，消费者灵活定价，价格线上调，价格线下调，撇脂定价，溢价营销，免费低价竞争，捆绑定价策略，价格首期优惠，尝鲜价格策略。

（3）渠道：电子化渠道，扁平化策略，渠道立体化，渠道直营化，渠道一体化，私域流量，KOC，KOL，公域流量，流量池，算法分发，渠道利益，渠道激励，渠道管理，渠道分发。

（4）促销：促销活动，电商直播，购物节，粉丝节，线上线下立体化，内容驱动，精准营销，算法跟踪，千人千面，AI广告，全屏投放。

（5）服务：客户服务，客户会员，积分体系，会员社区，体验过程，消费者旅途，客户口碑，客户感知，客户惊喜。

营销的目的是为了产生品牌，把你的左手翻过来就是**品牌角度的五个记忆点：**

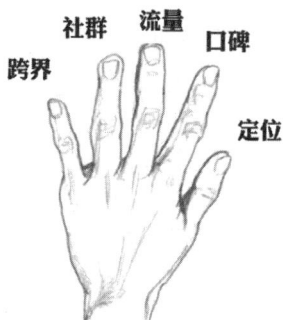

・**手背面向自己**
品牌五步口诀

社群　流量　口碑

跨界

定位

（1）定位（天道）:品牌线上迁，品牌线下迁，品牌线年轻化，品牌线老化，品牌重新赋能，品牌认知更新，明星代言，虚拟二次元，文化认知，国潮新势力，民族情结，品牌溢价认知，品牌认知垄断，品牌人性化。

（2）口碑：口碑传播，广告传播，粉丝互动，评论点赞，评论互动，匠心精神，口碑返利，口碑平台，IP。

（3）流量：流量购买，流量迭代，流量精准转化，目标客户流量池，内容驱动流量，流量数据分析，流量转化模型，流量成本分析，流量红利抓取，爆款流量打造，病毒营销，蹭热点新闻，互换流量。

（4）社群：社群分享，社群维护，社群文化，社群精神，社群价值，社群营销，社群获客，社群电商，社群运营，社群规则，社群自运转，社群管理，社群付费。

（5）跨界：跨界营销，跨界融合，品牌合作，跨界联名，跨界整合，跨界发展。

当我们完成了左手的营销到品牌，**右手手心面向自己，是产业链**（从客户的角度而言是价值链）。

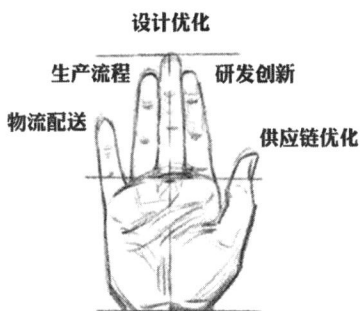

· **手心面向自己**
　价值链五步口诀

设计优化

生产流程　　　　研发创新

物流配送　　　　供应链优化

（1）供应链（帝道）：供应链管理，供应链延伸，供应链纵深，供应链深化，供应链数字化，柔性化供应链，封闭供应链体系，供应链利益均衡，供应链平台，供应链一体化，供应链智能化，供应链集成，供应链智能化。

（2）研发创新：研发投入，创新精神，专利保护，商标保护，底层创新，技术迭代，技术弯道超车，研发费用增加，创新奖励，创新人才激励。

（3）设计优化：人性化设计，深化设计，产品设计优化，设计迭代，结构设计思维，设计方法优化，设计组织优化，数据化设计，人工智能设计，设计成本控制，设计原则优化，底层认知。

（4）生产流程：即时生产，工艺流程优化，生产管理规范，生产管理过程控制，生产管理系统，规模效应获得，流程再造，嵌入型流程，流程优化。

（5）物流配送：物流配给及时性，配送服务提升，物流平台，配送加盟，配送系统智能化，仓储建设，仓储一体化，云仓仓储，物流优化。

当我们已经完成了价值链，便来到了**企业的基本法层面**：

· **手背面向自己**
企业基本法五步口诀

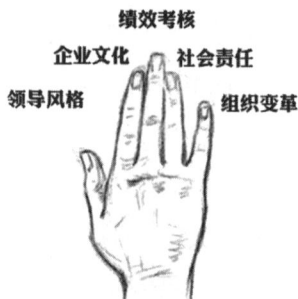

绩效考核
企业文化 社会责任
领导风格 组织变革

（1）领导风格（霸道）；

（2）企业文化；

（3）绩效考核；

（4）社会责任；

（5）组织变革。

这个部分本书就不展开了，读者只需要基本上知道个概念，务虚一下就好了。

最后，我们总结一下"双手知识要点记忆"法：左手是实，营销到品牌；右手是虚，价值链到基本法。

同时，为了进一步方便读者能够在组面的时候快速组织发言内容，本书提供了两个发言方向供读者学习。

读者要清晰地知道，案例分析有三个维度：讲讲过去、讲讲现在、讲讲将来；案例分析有两个方向：评价过去，将来建议；案例分析有一个中心：如何持续地打造企业核心竞争优势。

- 三个维度：过去、现在、将来
- 二个方向：评价、建议
- 一个中心：打造企业核心竞争优势

所以，对于组面发言，一般发言的角度有两种："评价一下"

和"给点建议"。

组面发言的第一个角度：评价一下。

1. 数据分析

单组数据看波动和极值，波动看趋势、极值看异常；
多组数据看相关和因果关系，找到数据背后的本质；
学会找到数据的潜在价值：素材数据是绝对值，我们要算出
来同比或者市场份额；素材数据是市场份额或者增长幅度，我们
要算出来市场需求绝对值大小。

数据入手→提出论点→分论点支撑→回踩论点

通过xxx数据，我们看到这个企业目前正在不断攀升的阶段，
它能够取得这样的局面，我认为有三点值得学习：一、二、三，
所以这个企业在过去的成绩是通过XXXX而得到的。

2. 平衡辩证

指出这个企业有得有失，得有三点，失有两点，然后指出这
个企业需要扬长避短。

3. 量变质变

指出这个企业在前期通过什么战术层面的努力，达成了什么
战略层面的优势，从而这个企业已经建立了消费者的心智壁垒。

当然，它能够取得这样的优势是因为做到了产品上的优质、价格上的有效定位、渠道上的便利接触。

4. 主线迭代

指出这个企业始终围绕这一个主要的方向，例如京东的快，但是围绕着这个主要方向，企业在过去做了什么三个阶段的事情，终于打造出了这样的竞争主线。

这个发言思考方式和第三种的区别在于，主线是迭代出来的，但是第三种是组合出来的。

5. 否定之否定

指出这家企业在发展的过程中，关注两个层面的发展平衡，例如质量和成本，所以这个企业的发展是一个有机纠偏的过程，也是在两个方向中平衡的过程。

6. 抽取要素

将这个企业发展的表现用两个维度或者三个维度进行表现评价，例如市场增长率和市场份额，然后进行四个区域（金牛、瘦狗、明星、问题）的分区分析评价。

7. 高度务虚

将一个企业发展的成功之处的表现进行分类，找到企业发展的三个阶段，然后找到一个潜在的务虚的连续主线，例如将苹果公司的发展分为电脑、手机、耳机三个阶段，然后找到跨越三个阶段的真实能力：创新。

8.辩证思考

在好的事物中找到值得警惕的三点危险，在坏的现象中找到值得期望的三个潜力。

组面发言的第二个角度：给点建议。

针对这个企业的发展，建议分类的常见角度有很多，提供以下的素材供读者参考：

- 战略、战术
- 产品、价格、促销、渠道
- 宏观、微观
- 内部、外部
- 硬、软
- 人、事、财
- 天时、地利、人和
- 明道、优术、取势、合众、树人
- 定量、定性
- 供应链改进优化
- 物流仓储配送优化

- 生产效率提升
- 生产品质控制
- 产品创新研发
- 消费者需求定位
- 消费者痛点满足
- 消费者服务流程优化
- 消费者口碑传播
- 营销活动投入
- 跨界营销活动
- 网络流量抓取
- 热点爆款打造
- 消费者互动和投诉反馈
- 消费者社群经营
- 消费者私域流量打造
- 广告精准投放
- 立体全方位受众覆盖信息投放
- 销售渠道组织变革
- 渠道扁平化和立体化
- 品牌效应打造
- 网红经济潮流把握
- 寻找关键消费意见领导
- 圈层营销定位
- 口碑传播获得流量

- 新生代品牌形象更新
- 危机公关处理意识
- 企业战略突围
- 企业飞轮效应打造
- 差异化战略优化
- 低成本优势规模效应
- 多元化组合降低风险
- 数据化消费者分类
- 企业组织变革
- 强化绩效考核方法和针对性
- 兼并收购的方法和原则
- 组织领导风格变化
- 跟随社会产业结构变化
- 企业文化打造和渗透
- 构建企业责任和精神
- 财务风险控制和杠杆使用
- 基础设施更新和维修
- 法律风险意识提升和风险规避
- 人力资源培养
- 技术更新和发展
- 企业愿景和使命
- 企业安全和人员健康
- 人员老化和忠诚度培养

- 企业业务培训和流程精细
- 员工福利和员工权益保护

　　至此，本书关于组队面试的形式和要求、组面案例及分析要点、组面观点的提炼角度这三个部分的内容已经介绍完毕，读者首先要能够灵活地体会组面的考核要义，进一步掌握组面十二类案例的知识点，再尝试训练自己的思维步骤，实现高质量的思想输出。读者如果具备了这些技能，无论对于组面还是个面，面试行为只是规则不同而已，但是本质含义是相通的。读者掌握以上内容后，都应该能够得心应手，收放自如。

　　最后附上两张组面知识的系统图，通过系统图的方式将十二种案例和战略、战术等规则进行了串联，帮助读者更好地理解十二个案例知识点之间的关联。

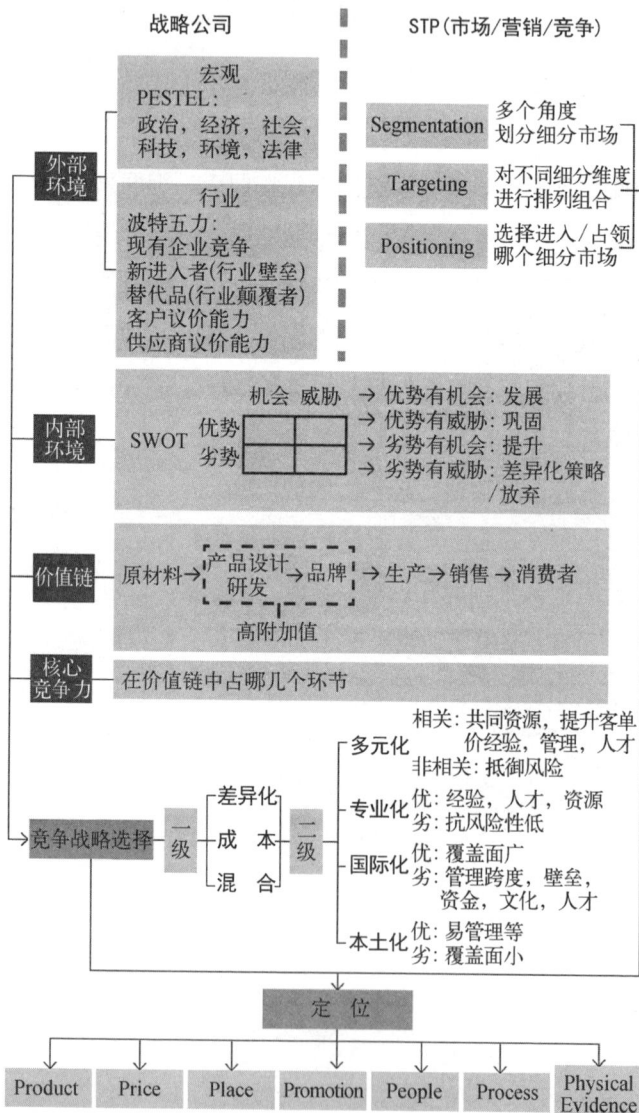

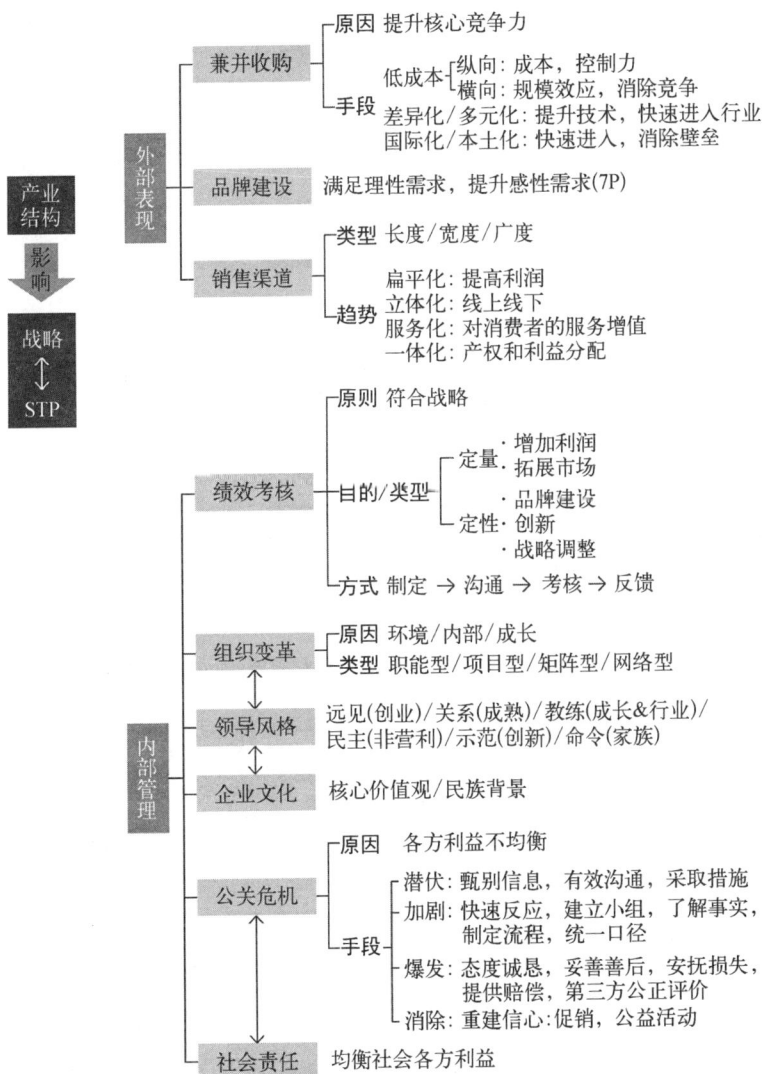

产业结构 → 影响 → 战略 ⇅ STP

- **外部表现**
  - **兼并收购**
    - 原因　提升核心竞争力
    - 手段
      - 低成本
        - 纵向：成本，控制力
        - 横向：规模效应，消除竞争
      - 差异化/多元化：提升技术，快速进入行业
      - 国际化/本土化：快速进入，消除壁垒
  - **品牌建设**　满足理性需求，提升感性需求(7P)
  - **销售渠道**
    - 类型　长度/宽度/广度
    - 趋势
      - 扁平化：提高利润
      - 立体化：线上线下
      - 服务化：对消费者的服务增值
      - 一体化：产权和利益分配

- **内部管理**
  - **绩效考核**
    - 原则　符合战略
    - 目的/类型
      - 定量
        - ·增加利润
        - ·拓展市场
      - 定性
        - ·品牌建设
        - ·创新
        - ·战略调整
    - 方式　制定 → 沟通 → 考核 → 反馈
  - **组织变革**
    - 原因　环境/内部/成长
    - 类型　职能型/项目型/矩阵型/网络型
  - **领导风格**　远见(创业)/关系(成熟)/教练(成长&行业)/民主(非营利)/示范(创新)/命令(家族)
  - **企业文化**　核心价值观/民族背景
  - **公关危机**
    - 原因　各方利益不均衡
    - 手段
      - 潜伏：甄别信息，有效沟通，采取措施
      - 加剧：快速反应，建立小组，了解事实，制定流程，统一口径
      - 爆发：态度诚恳，妥善善后，安抚损失，提供赔偿，第三方公正评价
      - 消除：重建信心：促销，公益活动
  - **社会责任**　均衡社会各方利益

第三章

Chapter3

个 面 的 艺 术

　　个人面试简称"个面"，是指面试官和面试者面对面的交谈，通过面试者的回答内容和现场情绪、动作的综合反馈，使得面试官形成对面试者的直观感受并给予评级的过程。

个面目前已经是企业、学校在招聘和招生过程中必经的环节。对于企业和学校而言，个人面试重点考核的是面试者的个人素养和思维水平。

个人面试在企业和学校的实践中，关注的重点还是有所不同的，企业非常关注面试者的实际技能掌握程度，而学校则不然；关注的方向也有所不同，企业非常关注面试者的职场忠诚度，而学校则不然；关注的底线也有所不同，学校对于商业道德的违反是零容忍的，而企业面临竞争的压力则不尽然。这些都导致了个人面试在这两个不同的组织机构中的表现重点有所差别，虽然在本书的第一章提出个人面试的最终奥义就是思维的具象，但是为了更好地帮助读者应对各大院校的专业硕士的面试，下面的内容是完全围绕院校面试开展的。

个人面试在院校面试过程中是通过老师询问面试者问题的形式体现的。掌握个人面试问题的种类和关注点，可以有效地帮助面试者通过个人面试。按照问题的来源和考核方向，笔者将个人面试的问题分成三类：首先是**结构性面试问题**，即老师考核面试者的共性问题，例如"你为什么报考我们院校"之类的问题；其次是**非结构性面试问题**，即老师对于面试者的个性问题的总称，例如"你如何管理团队中年纪较大的员工"；最后是**压力性面试问题**，即老师对于面试者采用压迫性的面试方法，例如"我认为你不适合攻读本院校的硕士学位"之类。这三类典型问题会在下面进行详解。

读者在个人面试实战环节中，一定要把握以下八个原则，掌握好这些原则能够有效地帮助读者在个人面试环节中避免出现逻辑和内容方面的漏洞，提高个人面试的成功率。

第一原则：诚实。学校对于造假的学生是零容忍的，对于学生在个人面试中夸大自己经历，或者在申请材料中填报虚假证明这些行为，不仅仅会导致学校直接将该名学生剔除出录取名单，而且可能会导致该学生终身不得报考该院校。所以，面试者在个人面试中注意的第一原则就是诚实。但是，这并不代表面试者需要将自己所有的信息告知老师，有选择性地告知老师是完全可以的，读者掌握不造假是基本底线的原则即可。同时应该注意，商学院对于违反商业道德的学生是一票否决的。

第二原则：感恩。面试者应该具备感恩的心态，对于既往发生的所有经历，都要以一种收获的心态来面对。不要菲薄自己过往曾就职的任何企业，不要擅自恶意评论自己身边的任何人士，这样宽容和学习的心态有利于面试者取得一个较好的成绩。

第三原则：尊重。面试者要尊重面试官，尤其在专业硕士学位的预录取面试环节，有些面试者的工作背景等因素较好，所以在面试的时候将企业的领导做派带到了学校面试环节中，这样往往造成了其面试成绩较差。

第四原则：逻辑。面试者应该有效组织自己的发言内容，发言内容应该分点分类、具有逻辑性。面试者应该注意其实面试官并不在乎面试者对于问题的答案，而是关注面试者对于问题的思考过程，所以面试者不要单纯地回答问题，而是要将问题的关注点有逻辑地表达出来。

第五原则：忌政。面试者应该尽量避免敏感的政治回答，一般而言在学校的面试中不会提及这些政治问题，面试者应该自己尽量避免这些话题的出现。

第六原则：辩证。面试者应该辩证地看待问题和事物，对于自己的过往、工作的经历、具体的事物评论都要有两面性的思考方式，不要拘泥于一个角度。

第七原则：戒虚。面试者应该在面试的过程中，避免虚无主义和愤青主义。在整个面试的过程中，提倡务实的生活态度和人生哲学。

第八原则：善听。面试者应该擅长分析出面试官问题的真正含义，面试官的问题提出的时候可能具有一定的倾向性，面试者要能敏锐地感觉和观察到这样的倾向性。同时值得注意的是，面试官尝试对面试者进行教育或者传送知识的时候，保持一个忠实聆听者的角色往往能够帮助面试者得到较好的面试成绩。

个人面试除了需要注意以上八大原则，还需要在回答问题的时候学会四大技巧和一个核心。

第一技巧：完整的语言表达。

一次有效的说话，要有论点、论据和论证过程，这三大要素缺一不可。在面试中最常见的问题就是，回答了很久，但是没有人清楚你表达了一个什么清晰的观点，这个是面试中的极其低级的错误。

表达了观点，一般需要有一个证明的过程，这个过程中使用的案例和援引的数据就是论据。读者要牢牢记住，论据是为论点服务的，要有相关性，而且好的论据不能超过三句话，超过三句话的论据就有喧宾夺主的可能，让别人模糊了你想要表达的观点。

论证则是从论据到支持论点的过程，从论据提炼出来关键要素来证明你的论点是成立的。所以，对于面试者而言，最有效的回答问题方式就是：首先表达自己的观点，然后罗列三个事实（成三原则），最后重复申明自己的观点，让别人有更深刻的记忆度。

示范：

我认为这个企业未来是具有极强潜力的（观点）。

主要因为以下三个方面的考虑：

第一，企业文化XXXXXXX；

第二，财务表现XXXXXXX；

第三，产品创新XXXXXXX；

通过以上企业的三个层面的分析，涉及了企业的人、财、物（——对应关系）的三个方面，所以我认为这个企业是具有极强潜力的。

第二技巧：逻辑关系的把握。

回答问题中有四种（两个层面）常见的内容构建关系：并列和递进、相关和因果。

相关性和因果性比较复杂，需要大量阅读建立的脑部知识关联支撑，这里不作为重点内容，而且在口语表达的时候，受众也很难发现逻辑上的相关性和因果性的逻辑漏洞。短期能够帮助读者提高个人面试回答成绩的技巧是，读者一定要学会掌握个面回答问题中的并列和递进关系。

并列就是几句话之间的关系是平等的；递进就是两句话之间的含义是内容层次具有推导关系的。

"成三原则"就是最简单的并列关系学习，在一次讲话中讲三点是非常重要的。

并列关系最重要的是学会"MECE原则"——互斥且穷尽。

- 天时、地利、人和
- 人、财、物
- 时间、空间
- 产品、促销、渠道、定价（4P）

递进关系比并列关系更复杂一些，在论述观点的时候，如果简单的一层递进已经无法满足复杂说服场景了，就需要进行连续几个层次的递进关系来实现逻辑推导，最后达到说话者的目的，让别人相信他的观点。

在面试中，读者要学会熟练掌握并列关系的MECE原则，学会从一个受众都认可的逻辑底层入手，然后进行逻辑递进关系推导，让别人信服你的观点。

第三技巧：内容具有不同层次。

在"组面观点的提炼角度"章节中已经提及，讨论一个话题，有三种切入深度：第一，具体问题具体分析，也就是对这个问题进行具体的分析，提出具体的建议和策略；第二，提炼一般性规律，通过一个个性问题找到共性规律，从后期管理到前期治理的过程；第三，和其他规律链接成系统，从一个系统的层面来观察。这个技巧同样也适用于个面回答环节。在实践工作中，不会从第二和第三深度切入话题的人，永远无法带领一个团队，因为团队的领导者要擅长观察系统的动态，把握整体的格局。

第四技巧：生动有趣的故事案例。

富有逻辑性的说话和听话，虽然很清晰，但是对于讲者和受众而言都很耗能，所以要有一些有趣的段子和故事，来间歇性地放松一下氛围。在个人面试的时候，读者需要准备一些常见的自我经历案例，在回答问题的时候，有非常多的场合都可以使用这些案例进行翔实的填充，在充实了观点的同时，也使得面试的氛围更加轻松。例如：

- 工作中最具挑战的一件事情；
- 在团队管理遇到的最大问题是如何解决的；
- 在面对困境是如何挑战自我实现成功的。

读者在个面的时候掌握了以上回答问题的四大技巧还只是"器"层面的学习。事实上，提升自己的面试成绩的核心关键在于：构建自己在面试中的清晰的人物设定。

在这个世界上，达成合作的原因是供给和需求的匹配。无论在求职还是求学面试中，实现供给和需求匹配的方法就是：

"清晰稳定的人物设定"

人物设定：将过去的经历，现在的动机，未来的发展，三者形成一条主线，也就是核心脉络。核心脉络就是你的人物设定，这个核心脉络能够体现出你在职场中的竞争力。

人物设定和交往心理学中的DHV（高价值展现）是有区别的，高价值展现是无脑地堆砌你的优点，而人物设定是有脉络地展示某个方面，而且有主线设定。人物设定是面试前的必备工作，因为这个方法可以帮助你在准备面试时事半功倍。

读者完成了人物设定可以实现：

（1）一次人物设定就可以完成多所高校面试的准备工作。因为核心人物已经出现了，就很容易回答所有的面试问题，也很容易根据不同的表格填写自己的申请表。

请注意，一次人物设定之所以就能完成多个高校的面试准备工作，是因为所有高校的录取标准和核心诉求其实都是一样的。

如果你经常听笔者的课程，就知道学校的需求是：

只想锦上添花，绝不雪中送炭

或者说，这是绝大多数面试场合对方的需求。

（2）一次人物设定就完成了面试很多问题的准备。事实上，无脑地准备很多问题的答案，浪费的时间太多，而且需要背诵和记忆。但是，如果你准备好了你的过去、现在、将来的主线设定，所有的问题的答案就会自然流现。

掌握人物设定的办法可以帮助你在求职、求学中成功的概率大幅增加。

如果说这个方法有什么缺陷的话，那就是个体在主线的设定中往往无法跳出"自己观察自己"的陷阱，需要有一个经验丰富的老师进行引导。

关于人物设定的技巧，读者可以参考附录二"人物设定实战案例解析"。

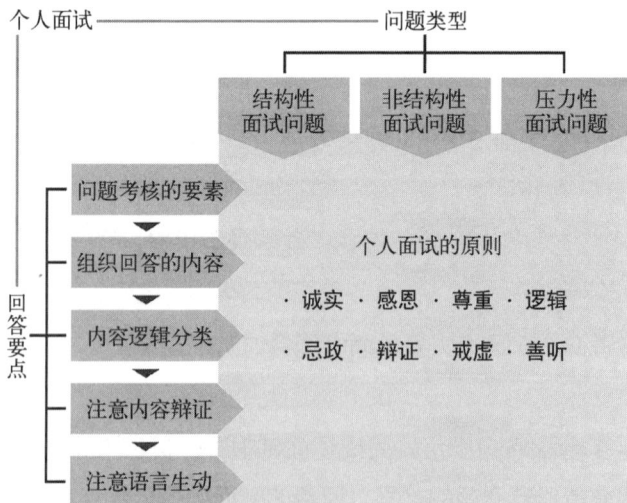

▲ 个人面试的类型和回答要点

通过以上原则、技巧和核心的把握，读者应该能够避免一些致命的缺点暴露在面试官的视线下，接下来本书针对结构性面试问题、非结构性面试问题和压力性面试问题进行阐述。这里不涉及英文面试的内容，英文面试问题的解答在本书的第四章进行阐述。

第一节 结构性面试问题

结构性面试问题是指面试官考查面试者的共性问题，这些问题适用于任何一个该环境下的面试者，虽然这些问题可能比较单调或者常见，但正是由于这些问题看起来较为简单，回答者的艺术和技巧就显得非常的重要。如何在面对共性的问题时回答出自己的个性见解，对于面试者而言是一个巨大的挑战。

有一些相关的资料和文档，罗列出不同院校的常见结构性面试问题，例如《××院校MBA面试100问》之类的帖子流传范围较广。但是，如果单纯进行问题的罗列，对于读者而言，一来还是无法掌握回答问题的要点，二来也没有那么多时间、精力去构思如此多的问题答案。从实战和教学的角度而言，这样的资料对于读者应对实战是没有效果的。

笔者在实际教学中，提炼出了六大问题，这六大问题帮助面试者全面的检视自我的过去、现在和将来，面试者在系统的思考过这六个问题后，应该对于结构性的面试问题都能够触类旁通。

一、自我简介

"请你做一下自我简介。"

这是各大院校个人面试中的必问问题，是面试官了解面试者的开始。这个问题回答的质量直接影响了整个个面的进度和感觉，请读者高度重视。

在实际的教学中，笔者发现这个问题需要面试者较长的时间去思考自己的过去经历，结合第二个结构性面试问题"你为什么报考这个项目"去思考自己的现在需求，结合第三个结构性面试问题"你将来的职业规划是什么"去思考自己的将来发展。这三个结构性面试问题对应于亚里士多德所说的"你是谁，你从哪里来，你到哪里去"的思考过程，这三个问题之间是存在逻辑推进关系的：正是你的过去导致你现在有需求读书，而现在的读书会影响你将来的职业发展。这个关系请读者注意。

自我简介这个问题的回答需要两至三分钟，过短表达不清楚，过长则容易使面试官失去兴趣。在自我简介的回答中，面试者需要针对自己的学习经历、工作经历和其他补充三个方面组织内容。

首先，面试者可以对自己的教育背景进行简单的描述。工作年限较长的面试者不需要花费过多的笔墨在这个方面，而工作年限较短的面试者则可以尝试将在校期间的荣誉、社团活动和兼职工作在这个部分中强调出来，利于凸显面试者具备初步的组织和管理能力。

其次，面试者可以将自己的工作经历进行罗列。这里要非常注意工作经历的罗列次序，在介绍的时候可以参考单位的更换，也可以参考行业的转变，甚至可以按照工作的属性进行归类罗列，例如从事的技术岗位如何、从事的管理岗位如何、目前的战略岗位如何。面试者需要将自己的过往工作经历有逻辑地展示给面试官，使得面试官建立一个良好的初步印象，清楚面试者从事的行业是什么、职能是什么、发展现况或者潜力如何，等等。

最后，面试者可以将自己的兴趣爱好、参与的公益活动等内容作为补充呈现给面试官。这里展示的兴趣爱好、参与的公益活动都是为了更好地丰富面试者的形象，展现面试者精力充沛、身体健康、道德品位高尚的面貌。这个部分不要过长，简短带过即可。

还有一些面试者在这个问题的结尾会简短地提及自己为什么来到这里考取研究生的原因。在实战中经过检验，这样做是完全可以的，但是不宜过长，否则有跑题的嫌疑。

为了让读者更好地体会这个题目的回答技巧，下面举一名取得优异面试成绩的同学在这个问题上的回答纲要为例：

答：老师好，我叫××，本科就读于×××大学××××系，主修××××专业。四年的学习，不仅让我初窥门径，知晓了许多经济学的理论和国际经济学的发展，而且也培养了我对母校深厚的感情。

××××年毕业后，先在××××公司从事了半年管理咨询的工作。这份工作虽然时间很短，但是为我拓展了视野和夯实了基础，其后，我进入了××××事务所，从事审计业务，度过了忙碌而充实的四年多时间，其间帮助一些企业成功实现了上市，自己也打下了扎实的财务功底并积累了不少行业经验，从一个门外汉成长为财务方面的专业人士，付出了很多，收获了更多。

××××年×月，为了在财务分析和思维拓展上进一步提高，我加入了×××，从事企业并购业务，主要为跨国公司和私募股权基金的并购活动提供咨询服务，感受到了比审计工作更大的工作强度和工作压力，同时也出色地完成了自己的工作。现在，通过分析企业的运营数据，我能更深入地挖掘隐含风险，也能更清晰地辨析业绩动因。当然，得知自己参与的并购项目成功时，我也是很有成就感的。

在我过往七年的工作经历中，我的工作表现一直比较优秀：在×××，因表现优异而连续获评 top-pay staff，即高薪员工；在×××，工作表现相当优秀，屡次获得经理们"高效、耐心、合作及高质量工作"的评价。

二、报考动机

"你为什么报考××学校的××项目？"

这个问题是用来衡量面试者来到一所学校学习的目的是否清晰。一般而言，学校的面试者不愿意接受对于学校项目毕业后期望值极高的学员，因为这类学员如果得不到原来的期望值收益，会产生对项目本身的质疑，这对于学校项目的长久发展是不利的。面试官想要得知，面试者结合自己的实际情况，在人生前进道路上，读取本院校的专业硕士学位的需求和本院校所能提供内容是否相符。

在历年的教学实践中，一般而言，面试者会针对系统的学习知识、适度的扩展人脉、提升自我素养和扩大行业视野等几个方面的内容进行回答，这样的回答较为普遍。笔者建议面试者应该结合报考院校的文化特点和项目特长，组织回答的内容。例如，在复旦大学管理学院的面试中，应重点结合勇担社会责任的话题，结合复旦深厚的人文底蕴，来回答这个问题。

为了让读者更好地体会这个题目的回答技巧，下面举一名取得优异面试成绩的同学在这个问题上的回答为例：

答：报考MBA并不是一时的冲动，在本科时就有这样的规划，当时有学长建议说，工作后可以知道自己更想学什么，而且自己想学的往往学得更认真、更深入。

有了六年多审计和并购的经验，我可以通过企业的运营数据和财务数据，比较明确地判断出企业的经营情况是真是假、是好是坏；但是，企业经营好，为什么好，经营差，怎么变好，我虽然能够就事论事进行单项分析，却缺乏系统的理论基础和相应的战略眼光。我希望通过MBA的学习，让自己能思路更清晰地领导团队，行动更有效地管理团队，更全面地评估企业的竞争环境和地位，更准确地把握和规划企业的发展方向，这对我将来进行股权投资及投资后企业战略发展都有着重要的帮助。至于报考哪一所大学，我想对我来说，××大学是毋庸置疑的唯一选择，感情就决定了一切。

其实，申请MBA也是一个有点痛苦的选择，这意味着在远离校园多年后，不得不在繁忙的工作之余，放弃娱乐、休息的时间，继续投入紧张的学习中。王小波曾说："智慧本身就是好的。有一天我们都会死去，追求智慧的道路还会有人在走着。死掉以后的事我看不到。但在我活着的时候，想到这件事，心里就很高兴。"我想说："读MBA本身就是好的。学习是需要巨大付出的，可我仍然遵从自己的本心选择了追求智慧的道路。虽然今后面临不少困难，但在申请的过程中，想到这件事，心里就很高兴。"

三、职业规划

"你将来的职业规划是什么？"

这个问题是考核面试者的未来规划能力，是否能够正确看待自己过去的优势、劣势，结合现况，为将来的成功打下一个坚实的基础。

这个问题一般首先需要被面试者找到自己的工作主线，在这个主线上进一步规划自我发展计划。例如，常见的工作主线是自己的行业、自己的职能。面试者要在不脱离自己发展的主线的基础上，谈及未来一到两年结合学习能够获得什么成就，谈及未来三到五年结合行业趋势能够取得什么位置，谈及未来五到八年结合大环境变化能够在什么高度上发展。这样的回答逻辑清晰，内容也比较丰富。

为了让读者更好地体会这个题目的回答技巧，下面举两名取得优异面试成绩的同学在这个问题上的回答纲要为例。

回答一：　我的职业发展目标是成为物流行业和金融行业的IT解决方案的职业经理人。我针对我的特点策划了近五年的职业规划。首先，我职业规划的前两年是以学习为主。我在校的两年时间计划实现以下三个目标：

● 学习专业知识。财务会计、市场销售、金融投资、组织行为、生产运营这些都不是我的强项，都需要进行系统的学习。原来积累的物流、制造业方面的知识、经验，经过系统的学习，得到进一步的提升。

● 积极参加学校的各种社团。比如，我有5年物流企业的工作经验，想参加物流俱乐部，与物流行业的精英们交流各方面的经验；对金融不太了解，通过加入金融俱乐部加快对金融的理解。

● 扩大交际面。我原来都是在日企工作，在××大学的学习中，可以认识很多国企、欧美企业的同学，感受他们的企业文化和管理理念；也能接触到各物流行业、金融行业的人士。

　　我的职业规划的后三年主要是将学习积累的知识、经验、人脉运用到工作中，向着自己的目标努力。

　　在上海建立物流中心和金融中心这个大环境下，物流行业和金融行业一定会有一个飞速的发展。物流行业和金融行业在质的飞跃中，会遇到各种各样的课题，会有更多的整合。

　　我相信目前行业中不规范的流程会成为发展道路上的绊脚石，与国际接轨的需求以及个性化的流程定制方面的需求会空前高涨。在这个不可多得的机遇面前，我可以运用前两年学到的知识、积累的经验、扩展的人脉，带领自己的团队，为更多的物流企业或金融企业制定流程解决方案。需求增加，行业竞争也会加剧，要不断更新自己的知识结构，掌握最新的行业动向，了解企业个性化的需求，在竞争中立于不败之地。

　　回答二：我计划在人力资源领域坚定地深入长远发展。我努力成为一名人力资源专家，同时务必是一名优秀业务伙伴，能够深刻理解企业的核心价值和文化，参与制定未来的发展策略，熟悉企业业务和运营，从而能为企业设置合理高效的组织架构，挑选输送优秀人才，提升员工产能、效能及敬业度。

以下是我在40岁之前的职业规划：

3—5年规划：资深组织发展总监&业务伙伴

2011年开始××集团进行了全方位的并购和整合。2012年初××大中华区由三家子公司整合而成。我有幸经历了大中华区的整合，参与并负责了重建组织架构，评估梳理在职人员胜任能力，深化公司价值观，开展员工沟通和提升敬业度等多个重要项目。在一系列庞大的项目过程中，面对完全不同的企业文化、复杂的组织结构和人员、众多部门的共同协作，积累了专业知识、项目管理、沟通谈判等宝贵经验。

随着全球收购兼并的步伐，2014年初××集团完成了对欧洲第一卫浴五金供应商高仪的收购，继而从2015年开始，又一轮新的整合和调整即将开始。我有机会能利用自身的专业和之前的经验，提升整合的效率。同时，通过整合这个工作实践，在深入组织发展工作的同时，掌握人力资源的其他职能的管理，包括C&B，Staffing和Recruitment，为未来管理整个HR团队打下基础。

与此同时，如果有合适的机会，我也希望能通过业务伙伴（BP）这个平台，进行全方位的实践。不仅能做上层框架的建设，同时也能务实地深入业务，将方案落实到位，从而为业务前线提供专业建议和实际的帮助。自身除了提升专业度以外，还能提升对业务的认知，以及沟通、谈判等技能。

除了在HR职位上的经验，7年的销售管理和培育工作让我在人才选择、招募、培育方面获得了经验。2004年大学毕业后，我以管理培训生的身份入职××××公司，担任销售顾问。2005年，我以全公司前三的销售业绩晋升销售经理，团队最大规模时期达到12人，年销售额约300万元。职责不仅是提升销售额，还要进行团队选才、招募、培育和留存管理。具体包括：开发销售名单，三轮选才面谈，一系列培育辅导和协同销售，销售产能提升、晋升和留存。从FYP sales, recruiting, manpower, retention四个维度进行管理和考核。最大的收获是学习并应用××××公司百年来为之骄傲的"黄金系统"管理方式，无论在管理流程上还是技巧上，对业绩管理、招募、培育和生产力等方面都获得非常大的锻炼和提升。在2008年成为总公司销售培训经理，负责公司所有销售培训的开发和执行，同时也负责8个分支机构培训师的能力提升。

5年及长远目标：人力资源总监，商务（不含工厂）

除了HR专业知识和经验累积外，成为HRD还需要首先对市场、对行业、对企业运营有充分的理解和判断。因此，希望借助MBA的学习，以系统全面的知识为基础，开拓思维和眼界，并将所学有效地应用在日常管理中，实现自我价值，也能为企业创造更大的利润。

四、管理素养

"你见过最好的管理团队是什么?"

这个问题主要考查面试者的管理能力或者是否具有管理者潜质。一般而言,需要面试者将管理的四要素,即组织、计划、协调、沟通,结合自己的工作体会,在这个问题的回答中体现出来。这个问题回答的方式有很多种,回答得好不好,对于面试者的语言生动性和艺术性要求较高。在实际教学中,我们会用一些例子启发学生的思路。读者在回答类似考核面试者管理能力和管理潜质的问题时,最好能够结合自己的经验和实际生活,这样显得真实而且具有说服力。

为了让读者更好地体会这个题目的回答技巧,下面举一名取得优异面试成绩的同学在这个问题上的回答纲要为例。

答:有一部电视剧让我百看不厌——《康熙王朝》。起初吸引我的是陈道明的演技,以及康熙帝的丰功伟业及其背景故事。但是过后,我就会时常自问:康熙怎么能够将祖辈留下的基业发展到如此辉煌,甚至足够他的后世子孙享用了200多年?现在任何一个世界500强企业,能做到这点吗?

我认为他和他的团队，成功在于以下三点：

- 不拘一格的用人之道。力排众议，大胆提拔汉人，这才造就了魏承谟、周培公、姚启圣等人才。
- 赏罚分明，功过两清。康熙的人员绩效办理永恒采用的是赏罚分明，不论你是哪一级皇亲国戚，也不论你以前功劳有多大，一律采取功过两清的绩效方式。
- 善于均衡，稳定局面。康熙面对内部索额图和明珠两派的党派对立，不是不知情，也不是一味去彻底消弭，而是利用均衡之术，相互牵制，使朝政更加稳定。这是人力资源处理中最为困难的，也是最为智慧和高明的一种技法。

基于以上原因，我认为这是我见过的最好的团队。

这类考查问题有的时候会以这样的形式出现：请举实例说明一个您所遇到的最具挑战性的管理难题。您是如何解决这一难题的？

答：在目前的工作中，我认为最有成就的是在2012年整合时期重构销售组织架构，搭建多品类销售发展体系，在整合时，帮助公司梳理重构了销售队伍，同时完善了销售职业途径，提升了整体销售额。这个发展系统至今仍被有效运用。与此同时，在这一过程中，也遇到了前所未有的挑战。

项目背景是这样的：

2012年开始，××公司旗下三家子公司××、×××、××正式开展为期1年的整合。其中一项重要策略是将××公司打造成室内建材的整体方案提供商，从而获得更多百强房产商的钱包份额以及市场占有率。这也就意味着，销售前线必须立即从销售单类别产品提升至具有销售多项产品的能力。因此，需要在短时间之内搭建一套同时适合3个品类产品销售的发展体系。

面临挑战：

- 面对新业务品类，清晰地定义跨品类销售所需要具备的职业能力和职责。由于几家公司产品类别不同，市场定位和面对的客户不同，因此如何尽快地深入了解陌生的新业务、流程，剖析能力的共性和特性，分级定义清晰销售的能力要求是最大的挑战。
- 摸清整合子公司销售团队的架构、职责和工作能力，并进行评估。合并公司销售众多，分布广，公司文化不同，抵触情绪严重，因此在了解业务、架构、职责和业务表现时的推进非常缓慢。

● 业务线大部分不认同多品类销售策略，接受新品类产品学习和销售任务意愿低。

● 时间紧迫，涉及部门众多。

解决方案是这样的：

● 分工组织面谈、协同销售、同业分享等方式了解业务和流程。根据入职年限和职级组织30多场面谈，协同进行10次项目拜访。剖析和总结了MTO业务相对于MTS业务需要额外的技术能力要求，如测量、绘图、安装等。同时定义了关键业务销售流程和胜任能力需求点。对于胜任能力能够分层级地划分。

● 通过一系列测评工具，进行全方位胜任能力评估。按照汇报线自上而下进行2级能力打分，配合360度评级和客户评估、测评中心，获得了较客观的业务知识和销售技能数据，对重建架构、任用晋升提供了基础。

● 搭建多品类销售工程师体系，完善销售职业规划途径，同时通过设立考核要求，配合多品类销售奖金激励政策，多方面鼓励多品类产品学习和销售。同时，为相应级别配套了一系列培训方案，对技能知识、销售技巧、习惯培养进行全面提升。1年内，为全国近250名销售提供了人均50小时的基础课程。

● 项目自上而下先获得CEO的支持，组建项目专项小组。将设定指标依次放入CEO及以下相关部门的平衡积分卡中。项目小组由相关部门的1—2位负责人组成，从项目初期就让销售总监和8位销售总监参与，充分听取意见、沟通和调研。除专业框架外，细则和内容由销售部门制定。制定明确项目规划表，每周会议跟踪进度。在项目执行前期，由HR到8个大区进行所有销售沟通并听取反馈。

项目成果是这样的：

● 自上而下传递打造室内建材的整体方案提供商的理念，树立愿景。

● 销售重建销售架构，合理分配多品类销售任务。

● 设立新销售激励方案。

● 1年内85%的销售达到跨品类销售考核要求，80%品类销售额达标。

五、自我成长

"你最成功（失败）的一件事情是什么？"

这个问题主要考查面试者的学习和自我改正能力。一个优秀的人才往往是自我学习能力和总结能力很强的人。成功的事情为何而成功，对将来的工作生活有何借鉴意义；失败的事情为何而失败，如何避免未来犯同样的错误——这些才是这类问题考核的要点。面试者在回答这类问题的时候需要结合自我的实际过往，在描述具体事情的基础上，高度提炼出这些事情对自己成长的影响。

为了让读者更好地体会这个题目的回答技巧，下面举一名取得优异面试成绩的同学在这个问题上的回答纲要为例。

答：每个人对成功都有不同的定义，我觉得就我目前来说，距离成功尚存一段差距，但在通往成功的道路上，我正迈出一个个扎实的脚步。这件事也算是其中一个扎实的脚步吧。

××××年×月，我从×××跳槽到了××××。当时金融危机在美国已经大规模蔓延，但对中国资本市场的影响尚未显现；可是很快，中国的资本市场一下子萧条起来，并购活动也是日渐萎缩。我的初衷是进一步提升自己的能力，但是并购业务的萎缩不仅不能满足自身提升能力的需求，而且我们部门开始劝退部分员工。

作为一个新员工，当时的形势比较严峻，针对这种风雨飘摇的地位，我采取了三方面的行动：

- 向经理们积极争取参与外部项目的机会；
- 同时也踊跃参与内部项目，如行业研究分析、信息调查搜集；
- 参与公司活动与同事聚会，积极融入集体。

随着逐渐建立起信任度，经理们开始不断选用我参与项目，而通过项目中的努力，我也为自己建立了良好的口碑，工作表现也被认可为优秀。

冯小刚曾说："我就像一棵小树，选择了栽在大山间，那里有阳光可以照耀我。总有一天，小树也会长成大树。那时，我也会有自己的影子。"我现在就是一棵努力拥有自己影子的小树。我觉得成功对于我而言是不断前行的目标，而不是已经取得的成就，只有不断加强自我学习能力才能取得长足的进步。

六、自我诊断

"请用三个形容词描述下自己。"

这个问题主要考查面试者是否知晓自我性格特征，具有自我诊断的能力。回答这个问题的时候，一般而言都是阐释自我的正面人格特征，结合具体的生活案例，给面试官展示出面试者的自我特征。

为了让读者更好地体会这个题目的回答技巧，下面举一名取得优异面试成绩的同学在这个问题上的回答纲要为例。

答：我想不用三个形容词，而是用三句诗来形容自己更贴切。

● 心有灵犀一点通：心有灵犀是指我的悟性和学习能力比较好。正如我在材料中提到的，我曾在注册会计师的考试中，一次性通过四门。由于在工作中往往接触很多行业，而我也要在短时间内迅速了解这些行业，通过近年来的锻炼，快速学习能力也有大幅提高，可谓一点通。

- 宝剑锋从磨砺出：磨砺是指我工作踏实勤奋。在毕马威时曾被评价为："持续数周的高强度加班后，仍能秉持心如止水般对细节不断完善的勤勉品格。"而之所以自喻为宝剑，是说明我愿意接受工作中的挑战，希望把个人技能磨炼出更锐利的锋芒。

- 天下谁人不识君：（导演赵宝刚曾说：现在社会不会有怀才不遇，如果说一个人很有才华，但是没成功，那他一定是性格上有问题。）这句诗略带点夸张，我的沟通能力和人际技能都比较好，因此合作过的领导觉得我是个很好的团队成员，而下属觉得我是个能够以理服人的领导。并且，我与以往的客户也维系着良好的关系，一直保持联系。

以上六个结构性面试问题涵盖了面试者对于过去、现在和将来的思考，涵盖了面试者是否具备管理能力，是否具有自我学习和自我诊断能力。应该说，把握了以上关键问题的解答思路，其他结构性面试问题都可以迎刃而解。

但是，请读者不要过分拘泥于上文提及的回答思路和具体解答步骤，回答问题的时候要掌握问题的核心考核要点。根据考核要点，结合自己的生活、学习和工作，给老师展现一个鲜活、具有正面能量的形象，这才是个面的终极奥义。

以上内容主要是针对在职场上打工的读者，但是在实际面试过程中，还有一些面试者是自由创业者，对于这部分的面试者，除却第一个自我简介问题会被问及外，其他结构性面试问题基本不适用。

这类面试者将会直接进入非结构性面试的环节，面试官主要关心面试者目前创业的目标客户群体、企业发展前景、企业商业模式、企业发展的瓶颈，以及企业未来的具体战略和战术的规划等问题。面试者可以参考第二章的十二种案例的学习，自己思考以上关于企业发展目标、路径和规划问题的答案。

下文是一名创业者的面试谈话记录摘要（他在实际面试中取得优秀成绩），供读者参考。

问：你现在公司的核心竞争力是什么？

答：我认为目前我的企业的核心竞争力是"经营模式＋创业团队"。

首先是独特的经营模式：目前国内大多数文化产品出口公

司的经营模式是与国外的同类公司合作。然而，我们是直接与国外电视台合作，节约了沟通成本，更了解客户需求，与客户间关系更紧密。在这种模式下，我们不仅可以提供更有价格竞争力的产品和服务，更可以提供一般公司无法提供的增值服务。比如，"代为选片服务"将为客户节省大量商旅成本，"拍摄助理以及初级编辑租赁服务"可以提供给客户更好的本地资源，并节约对方的人员开支。

其次是创业团队组合优势：对中国和对海外资源的共享，利于打通向更多国家出口的通道，为公司可持续性发展打下基础。

问：请谈谈你对这个行业的理解。

答：我认为目前国际市场需求增大创造机会，新媒体技术的发展，全球电视台增加，这些都导致了需要的节目更多。有研究指出，现在电视节目的生产能力远低于频道数目的发展增长，在未来的媒体中，将会出现"内容为王"的趋势，这点和美国目前的广播电视媒体的发展趋势是相同的。

同时，国内政策放宽让机会变成可能：20世纪80年代以前，中国文化产品出口是不被允许的；80年代至21世纪头十年中期，基本只限于电视台与电视台之间的交换；到近两年开始有服务机构以公司身份介入，减少了审批麻烦，加快了合作效率。

最新数据表明，中外文化产品的进出口比例大概是 10：1，贸易逆差高达 10—15 倍，随着全球传媒一体化进程，这个市场必将从发展阶段走向成熟阶段。所以，我认为这个行业处于蓬勃的发展之中。

问：你公司面临的发展问题有哪些？

答：我想从两个方面来阐述这个问题。首先，就内部而言，目前在社会上缺乏具有这个行业实际操作经验的人员。这就使得我们在发展的过程中人员配备难度较大，不仅有语言要求，更有素质要求，这点限制了企业的发展速度。

其次，就外部而言，企业目前对政策的依赖性太强，某些节目因为国家严格限制而无法出口；很多二三线城市的电视台、网站还未建立文化产品出口的专门部门，更没有相关政策可依照，导致"想卖却不能卖"的局面；而且行业进入没有太大资金和技术要求，进入壁垒不高，导致行业内的竞争程度较高。

当然，目前企业也针对这些问题采取了相关的措施，但还是没有一个清晰的脉络，这也是我为什么来读MBA的原因，希望能在这里得到老师的指导。

第二节 ▷ 非结构性面试问题

　　非结构面试问题是面试官针对面试者的个性特征和生活、工作经历，提出的有针对性的问题。这些问题在结构和内容上较为分散，不拘一格，所以很难说什么问题一定是在个人面试中会被面试官问到的。但是，非结构性面试问题还是有一些规律可循，根据面试官关心和考核的脉络，非结构面试问题主要有以下三大类型。

　　首先，面试官想进一步消除对面试者的疑虑。例如，面试官会尝试询问面试者如何管理年龄较大的员工，询问面试者为什么选择不同行业的工作。这类问题是面试官想进一步证实面试者的管理经验和能力，避免选材失误。面试者回答此类问题要有感而发，切莫搬用枯燥的管理理论来进行回答，把握管理无处不在的奥义组织语言。

　　其次，面试官想考查面试者的宏观分析总结能力。例如，面试官会尝试询问面试者对于自己所处行业的发展前景的看法，询问面试者对于自己工作职能高度总结的要点。面试官想通过诸如此类问题观察面试者的宏观分析总结能力，是否具有一定的前瞻性的素养。面试者在面对这类问题的时候，不要因为自己所处层面涉及不到宏观战略变化问题而拒绝回答，因为这个问题能很有

效地考核面试者未来发展潜力和空间。面试者回答此类问题要有
高度总结能力，例如总结零售行业发展未来具有"三化"，分别
是终端化、聚焦化和服务化，根据高度总结的论点结合行业案例
和个人感受，进行回答。

最后，面试官想考核面试者的思维敏锐程度。例如，面
试官询问目前的热点新闻和面试者之间的关系、影响。面试
者回答此类问题首先需要明确热点新闻背后的真正原因，并
且有效地结合本行业和热点新闻之间的联系，找到外部环境
变化的趋势后，尝试分析对于面试者或者面试者所处的企业、
行业的影响，进一步提出将来发展的可能趋势和意见。此类
问题对于面试者的要求极高，因为往往问题中所涉热点新闻
和面试者实际工作之间的关联性不大。为了更好地通过此类
面试问题环节，面试者应该在面试前有意识地收集相关新闻
素材，掌握时事动态。

以上三类非结构性面试问题基本上覆盖了面试官对于面试者
的考核需求，读者可以根据以上三类问题，结合自己的实际工作
行业和职能，及时掌握时事动态，组织好语言的逻辑关系，分点
分类地回答此类问题。

这几年各大院校采取线上面试的比重越来越高，在面试中也
出现了除去问答之外的一些新的面试形式，例如要求录制视频自
我介绍，要求在申请系统中在线抽取题目限时回答，要求抽取题

目现场演讲，要求回答一些思维逻辑的泛知识题目等。

关于这些新的面试形式，本质上还是个人面试的范畴，只是面对的对象可能从人变为了系统，回答的问题可能是固定题目而不是随机发问，所以个面章节的知识要点同样适用，只是在形式方面大家适应就好。

这里针对抽取题目现场演讲和思维逻辑的泛知识题目的回答技巧，给予大家一些解题思路和回答技巧参考。

1. 抽取题目现场演讲

抽取的题目有两类：一类是案例分析，另一类是个面常见结构性问题。如果是案例分析，例如对"鸿星尔克的慈善营销"案例的现场几分钟的分析，这还是组面章节学习的范畴，而且由于没有互动和现场场控，其实难度反而比线下形式降低了。

关于个面常见结构性问题，例如：

- 你做过哪些对别人有益的事？
- 满分一百分，你给自己的创新能力打几分，为什么？
- 请描述一个你最近了解的新技术或者新功能，以及你认为它能带来的影响（行业、电子消费品、应用软件等）。

- 和我们分享一下课堂外你最骄傲的成绩是什么？
- 你期望自己三至五年后成为什么样的人？请花一分钟的时间告诉我们。
- 你最喜欢的城市是哪一座？其次呢？为什么？
- 请站在你的领导角度，用一分钟的时间来评价一下你最近一年的表现。
- 请阐述你为了5年计划做的最重要的准备工作。
- 你认为公益组织有哪些社会价值？
- 课堂外你最骄傲的成绩是什么？

这类问题其实和个人面试考核的能力和问答的技巧是完全一样的，就是要多注意形式上的不同，例如有回答时间限制，申请线上系统录制点击顺序等。这些形式上的不同，每个学校都不一样，同一个学校的不同年份和批次也不一样，这里就不进行详细的分析和解答了。

2. 思维逻辑的泛知识题目

这类题目最近在招生面试中有一定的普及趋势，和抽取题目一样，其实主要是院校为了更加公平地甄别考生的能力采取的行为。

这里对思维逻辑的泛知识题目提供一个解答思路的技巧。

"上海的加油站有多少个"

"北京的六环上有多少个路灯"

"你如何看待二胎政策"

"你如何看待自动驾驶（非汽车行业的考生）"

这类问题属于典型的解构型问题，是对于复杂问题如何数量模型参数化能力的考核，通过可以测量和观测的参数组合模型去解答一个宏观或者难以简单计量问题。

首先要明确，这类解构型问题的回答要点，不是在于最后的答案，而是在于你能不能快速得建立一个参数模型，从而大致推导出一个范围。

这类问题在面试中常见，尤其是在公务员考试和企业面试中，因为这类问题在企业和政府机构中是现实存在的。

如何回答"上海的加油站有多少个"？

答：上海有多少汽车（民用、商用）？

——外地来沪车辆加油

——上海本地用车加油

上海路上跑的汽车里面有多少油车 vs. 电车（不可忽视的电动车浪潮）。

可以估计90∶10的分布（查阅资料，或者自己在街头计数）。

一个油车多久加一次油？（加一次油60 L跑600 Km，正常市内开2周一次油）

一个加油站一天可以服务多少车？（一个站少则4枪、多则8枪-12枪）

那么可以得到：

加油站数量＝单日加油需求/单站单日的服务能力

回答这个问题，首先找到几个可以清楚测量的参数：汽车保有量（市内＋外省）；电动车的保有量；汽车一般加油的频次；加油站的服务时长；加油站的服务能力。这些参数都是可以通过简单信息检索得到的，然后通过"加油站数量＝单日加油需求/单站单日的服务"的模型公式计算得到。

让我们对这类问题进行一个解答思路的总结：尝试找到影响这个问题结果的影响因素；这类影响因素是不是可以进行测量和观察；如果不可以的话，对这个影响因素再次进行拆解，获得二级影响因素；将一级和二级的影响因素组合起来；组合的方式按照逻辑计算方式进行，或者赋予一定的权重系数；权重系数的获得可以通过查阅资料，也可以自己感知。

这样，你就能在一次面试中，完整地提供对于一个宏观问题的答案。

如何回答"你如何看待二胎政策"？

如何回答"你如何看待自动驾驶（非汽车行业的考生）"？

这类问题属于因果相关型，考核做题者在不同现象之间寻找关联影响的能力，具备这种能力的人在信息收集后，能够对未来的发展趋势研判有敏锐的看法，从而在决策中具备一定的优势。

这类问题在面试中常见，尤其是在企业面试中。

这类问题回答的思路首先要摒弃"和我无关"的心理，例如一个金融领域的人被问到"对于教育双减你怎么看"的时候，他可能迅速地从教育行业的金融产品入手，分析这类金融产品的趋势。这种现象层面的关联分析，对找到不同现象之间的因果和相关关系的能力要求其实并不高。

然而，当一个机械加工产业的人被问到"对于教育双减你怎么看"时，很可能就一头雾水了。因为他的行业和教育产业完全无关。

但是，真的没有任何关系吗？

解答这类问题的思路首先要用到"解构型"的思维方式。

教育行业由什么元素组成，这些元素会和我们的公司有哪些关联？

（人）教育行业的人在失业后会去哪里，会来我们行业吗？会导致什么变化？是竞争关系还是合作关系？

（财）教育行业的营业额大幅下降，哪些投资公司会遭受大规模的损失，这些投资公司能够正常营业吗？

（物）教育产业的采购链中有哪些有我们的产品，会导致我们哪些板块产品的损失？

如果在人财物的角度找不到任何的关联，就上升观察角度，进入到演绎阶段的思维方式。

为什么教育行业会实行这样的政策？是因为行业的恶性竞争导致了消费者的经济负担过重，还是行业触动了整体社会发展的基础？从这里可以进行PESTLE层面的关联分析：P政治因素；E经济因素；S社会因素；T技术因素；L环境因素；E法律因素。

这些PESTLE的变化和趋势，一定会对所有行业和职能都有影响的，这个时候你就可以展开论述了。这里就不逐一分析了。

如果在解构型和演绎型的思维角度都无法找到关联分析，那么就只能进入到最后一个角度——哲学层面。

教育行业在这几年的发展态势，发展速度从极度到戛然而止，证明了行业的发展中存在量变到质变、从否定到否定的螺旋式发展，在危机中应该看到机会，在机会中应该看到危机。

在这里，掌握哲学的三大规律和五大范畴就完全够用了，而且也不用你学习什么哲学，你大概理解这些名词的意思就够了。

辩证法三大规律，即对立统一规律、量变质变规律、否定之否定规律。

质量互变规律揭示了事物因矛盾引起的发展过程和状态、发展变化形式上具有的特点，从量变开始，质变是量变的终结。

对立面的统一和斗争的规律揭示了客观存在（自然界、人类社会和人类思维等）具有的特点，都包含着内在的矛盾性，都是矛盾的统一体。事物内部矛盾是事物发展变化的源泉、动力，推动事物发展。

否定之否定规律揭示了矛盾运动过程具有的特点，它告诉人们，矛盾运动是生命力的表现，其特点是自我否定、向对立面转化。因此否定之否定规律构成了辩证运动的实质。

五大范畴指的是唯物辩证法的基本范畴：原因与结果、必然性与偶然性、可能性与现实性、现象与本质、内容与形式。

事物是普遍存在联系的。

第三节　压力性面试问题

压力性面试是指面试官人为有意地制造紧张气氛，通过生硬和不友好的问题造成面试者的紧张和不舒服。通过此类问题，可以考核面试者对于压力的承受能力、在压力面前的应变能力和人际关系能力。在院校招生环节中，常见的压力性面试问题有："我认为你不符合本院校的选材标准，不适合攻读该项目，请你表达自己的意见。"

面试者要理解这类问题考核的要义，即在不同层面工作需要具备不同的要求。在实际操作层面，对于面试者的具体技能要求较高；在管理层面，对于面试者的整合资源和学习能力要求较高；在战略层面，往往需要在不同的方案中进行选择，在利和弊之间进行平衡，对于人的心理素质要求较高。面试官引入压力面试环节，主要是考核面试者的应激心理素质。面试者在面对压力性面试问题的时候不要恐慌，往往在前面面试问题的回答得到面试者的认可的情况下，面试官为了更好地了解面试者未来的发展空间，才会引入压力面试问题。

面试者回答这类问题，首先不要沿着面试官的话题进行任何的延伸，例如反问面试官"我哪里不符合选材标准"或者"我哪里做得不合适"之类的话。此类问题只会将气氛弄得更加紧张和尴尬。其实，面试官不知道也不想知道面试者到底哪里存在问题，而仅仅是想考查面试者的应激反应而已。所以，面试者回答此类问题主要表达自己对于进入学校学习的初衷是不会改变的，承认其他面试者的优秀，承认今天紧张导致发挥不顺利，但正是这些因素反而会加强面试者对于进入该校该项目学习的迫切性，这样的回答逻辑顺序比较适合院校的考核场景。总之，面试者在面对压力性面试问题时，心态要沉稳，不要质疑老师的问题，并表明态度，应该可以顺利通过该类型问题的挑战。

针对个人面试的问题种类，本章分别对结构性面试问题、非结构面试问题和压力性面试问题这三个类别中的常见问题进行了解释和说明。读者应该首先了解问题本身背后的考核要素，根据考核要素组织语言进行回答，在回答的时候内容要有逻辑性，注重回答内容的辩证客观性。

读者通过以上要点的学习，应该能够很有效地应对个人面试。值得注意的是，作为一名面试官，笔者也深刻感受到在个人面试中，除了要关注以上回答的要素之外，语言的生动性也非常重要，因为面试官的工作枯燥单调，个人面试的最高境界是不把面试当成面试，而是和面试官之间的互动和沟通。

最后，用诸葛亮的识人七观法来做个人面试的　个总结：**问之以是非而观其志，穷之以辞辩而观其变，咨之以计谋而观其识，告之以祸难而观其勇，醉之以酒而观其性，临之以利而观其廉，期之以事而观其信。**

第四节　个人礼仪

本节将会就面试中的个人礼仪注意要点和服装要求进行简单的总结，因为相关的书籍很多，读者如果有兴趣的话可以自行查找相关内容进行延伸阅读，这里仅仅为了实战和应试罗列了要点。

个人礼仪包括仪容礼仪、仪表礼仪、仪态礼仪。

仪容礼仪是指人们在社交场合的容貌方面的礼仪。面试者应该注意自己的仪容，给人以端庄、大方、整洁的良好形象。面试者要注意保持清洁、发型修饰得体，男士头发应前不盖眉、侧不掩耳、后不及领，女士根据年龄、职业、场合的不同，梳理得当；男士应每天修面剃须，女士宜淡妆修饰，在公众、异性面前不要化妆、补妆；保持手部清洁，要养成勤洗手、勤剪指甲的习惯，女士在正式场合不宜涂抹鲜艳的指甲油；面试者应保持面部自然从容，目光温顺平和，嘴角略带微笑，让人感到真诚可信、和蔼可亲。

仪表礼仪是指面试者的着装要整洁、美观、得体，并与自身形象、出入场合以及穿着搭配相协调。目前，各大院校在面试环节对于面试者的着装要求没有硬性的规定，基本上面试者只要符合商务休闲（business casual）的着装要求即可。这种着装要求介于正装和休闲装之间，属于在正式的社交、谈判场合穿着的相比休闲服较正式的服装，区别于正装和工作装。

这种着装要求对于男性而言：可以穿着外套，长短袖衬衫，有领T恤，卡其布、灯芯绒等面料长裤，皮鞋；不适宜穿着无袖装，无领T恤，牛仔裤，四袋以上裤装，运动裤，短裤（膝盖以上或七分裤），运动鞋，旅游鞋或凉鞋，紧身装，透明装；禁止着装颜色过于艳丽，服装上有攻击性语言或超大型印刷广告；不

▲ 商务休闲着装示范

宜佩戴帽子。在实战面试中，建议男性读者直接将着装要求上升为商务正装的标准，西装、皮鞋和领带即可。

　　这种着装要求对于女性而言比较宽松，除了超短裙、凉拖鞋、紧身装和透视装等服装不宜穿着之外，其他套装、套裙、长裤等衣物的搭配均可以视为符合要求。在实战面试中，建议女性读者的着装风格保守一些，选择职业套装或者套裙，匹配皮（凉）鞋即可。

　　仪态礼仪是指人们的站姿、坐姿、行姿等方面要优雅合适、自然得体、端庄稳重。面试者在进入面试院校后，就要开始有意识地控制自己的言谈举止，应该根据区域的不同、关系的不同，选择合适的音量和手势进行沟通；面试者进入院校后要听从老师的组织和分配，在等候面试的过程中注意自己的坐姿、站姿和行姿。面试者可以通过以上行为和着装，较好地体现出自己的职业素养和礼仪修养。

第四章
Chapter4

英文面试技巧

　　目前在企业和院校面试的时候，为了考核面试者的英文水平，都会引入英文面试环节对面试者进行考核。企业考核面试者的英文能力，主要是观察面试者是否能够适应未来岗位的沟通需求；院校考核面试者的英文能力，主要是观察面试者是否能够适应将来的学习，满足独立的英文检索资料能力的要求。

院校考核面试者的英文能力主要有四种方式：一是在组面过程中全程英文讨论，这种形式在某些全英文授课的项目面试中使用，难度看起来较高，其实经过训练并不困难；二是组面最后采取英文总结的方式考核英文能力，这是目前使用最广泛的英文考查形式，本章会针对这种形式进行说明；三是在个人面试全程使用英文，这种形式实际操作起来难度也非常大，往往导致面试时间的浪费，对于院校甄选人才也非常不利；四是个人面试夹杂一个到两个英文问题，这种形式也被广泛采用。

总的说来，在各大院校的专业硕士入学面试中常见的英文考查方式是，**组面的英文总结和个面的英文问题回答**。本章对这两种英文考核形式进行要点介绍。对于组面全程英文和个面全程英文的考核形式，读者可以借鉴这两种形式进行学习。

第一节 ▷ 英文组面总结

在进入这个篇章前，读者首先要理解英文组面总结到底是考核什么方面的素质。对于绝大多数院校而言，英文面试总结都只是为了考核面试者的英文语言能力，与面试者是否能够通过英文实现其他知识点的体现关系不大。读者在把握这一点的前提下，进一步学习本章内容会更加有的放矢。

为了更好地帮助读者快速掌握英文组面总结的方法，本书首先将十二种案例涉及的词组进行罗列，帮助读者快速掌握部分专业词汇；然后提供一些重点讨论方向的总结模板，帮助读者理解英文总结的形式，读者应该活学活用，而不是对模板死记硬背。

一、经营战略（Business Strategy）

A business strategy is a high level plan to achieve one or more goals under conditions of uncertainty for the company.

翻译： 经营战略对于一个企业而言，是通过较高层面的计划，在一些不确定的条件影响下，去实现企业的一个或者多个目标的行为。

A Business Strategy generally involves goal settings, action plans and resources mobilization to match the execution.

翻译： 经营战略通常涉及如何设定目标，如何设定达到目标的步骤和如何调动资源来匹配具体的执行。

Strategy is important because the resources

available to achieve these goals are usually limited.

翻译：战略之所以重要，是因为实现目标的过程中资源往往都是紧缺的。

常见词组：
企业愿景 enterprise vision
稳定战略 stable strategy
发展战略 development strategy
收缩战略 contraction strategy
垂直一体化战略 vertical integration strategy
水平一体化战略 horizontal integration strategy
多元化经营战略 diversification strategy
竞争战略 competition strategy
发展战略 development strategy
技术开发战略 technology development strategy
市场营销战略 marketing strategy
信息化战略 information strategy
人才战略 talent strategy
总成本领先战略 overall cost leadership strategy
差异化战略 differentiation strategy
集中化战略通用性 centralization strategy
市场垄断者 market monopoly
市场挑战者 market challenger

市场补隙者 market gap makers

市场跟随者 market follower

导入期 introductory stage

成长期 growth stage

成熟期 maturity stage

衰退期 decline stage

总结模板：

In this case, we can see × × × Company is still in the developing / stable / decline stage.

The strategy should adapt to the current situation. The company needs to pay more attention to production improvement / positioning / diversification strategy / specialized operations / localization strategy / global strategy/ process efficiency / management / cost saving.

In order to meet the challenges from the changing market environment, I would like to provide several suggestions :

Firstly, emphasize innovation as a whole in the research & development, management, marketing, system ;

Secondly, carry out brand-building or brand-extending strategy, to build and utilize prime value of ×× brand.

Thirdly, focus on modern scientific management to improve service quality, satisfy customers' needs and exceed customers' expectations.

That's all. Thanks.

模板翻译：

在这个案例中，我们可以看到，×××公司正处于发展/稳定/衰退阶段。

在竞争日益激烈的条件下，公司要尽快适应市场环境发生的重大转变，充分发挥自己的优势，在新形势下发展和壮大自己。

公司战略必须适应现状。公司需要更多关注产品提升 / 定位 / 多元化战略 / 专业化战略 / 本地化战略 / 全球战略 / 工作效率 / 管理/低成本。

为迎接市场的挑战，我有几项建议：
1. 重视研发、管理、营销体系的整体创新；
2. 实施品牌延伸策略，建设和利用 ×× 品牌；

3. 注重现代科学管理，不断提升服务质量，满足客户需求，超越客户期望。

请读者注意，这个模板相当的"百搭"，几乎和所有案例都可以实现关联。

二、市场定位（Market Positioning）

Positioning may refer to the position a business has chosen to carry out their marketing and business objectives.

翻译：企业选择一个细分市场或者商业目标的过程被称为定位。

Positioning is difficult to measure in a sense that customers' perception of a product may not have been tested by quantitative measures.

翻译：市场定位很难被具体衡量，通常体现为客户对产品的潜在感觉，而不能通过具体的定量测量手段判定。

常见词组：
生理需求physiological needs

安全需求 safety needs

社交需求 love and belonging

尊重需求 esteem needs

自我价值实现 self-actualization

市场细分 market segmentation

目标市场 market targeting

市场定位 market positioning

地理细分 geographic segmentation

人口细分 demographic segmentation

心理细分 psychological segmentation

行为细分 behavior subdivision

无差异市场营销 undifferentiated marketing

密集性市场营销 intensive marketing

差异性市场营销 differentiated marketing

核心竞争力 core competitiveness

三、品牌建设（Brand Building）

Proper brand image can not only increase the sales of one product, but also the sales of other products associated with that brand.

翻译：良好的品牌形象不仅仅能够提升一种产品的销量，同时还能够提升其他关联品牌产品的销售。

Refined brand management seeks to make the product or services relevant to the target audience.

翻译：细致的品牌管理应努力将产品或者服务与目标受众相关联。

常见词组：
品牌忠诚度 brand loyalty
理性因素 rational factors
感性因素 emotional factors
品牌延伸战略 brand extension strategy
专业化延伸 specialized extension
一体化延伸 integral extension

总结模板：

Under the market economy, brand has become an important tool for enterprises to capture the market. With the improvement of people's living standards, brand is becoming more important.

Brand stands for value, status, quality, commitment, and some high-added value beyond words. In the 21st century, the end of market competition is now consumer market competition. What consumers cherish most is brand, so the ultimate market competition will turn into brand competition. Therefore, marketing in the future is in fact the competition of intangible brand value that is beyond national boundaries. Owning brand value means owning capital for competition.

In the era of economic globalization, × × × Company has to emphasize brand strategy in a strategic way if they want to survive in a global competition.

I would like to suggest the senior leadership team to focus on modern scientific management and brand-building to improve service quality, satisfy customers' needs and exceed customers' expectations.

模板翻译：

在市场经济的时代，品牌已成为企业占领市场的重要工具。随着人们生活水平的提高，品牌的重要性越来越突出。

品牌，代表着价值、地位、品质、承诺，还有更多的难以言喻的高附加值。进入21世纪，市场竞争的终极是消费市场的竞争，而在消费市场上，消费者最注重的将是品牌，最终的市场竞争将会演变成品牌竞争，所以未来的市场营销是跨越国界的、无形的品牌资产的竞争，拥有了品牌资产，就等于拥有了竞争的资本。

在经济全球化的今天，×××公司要在全球范围的竞争中生存下去，必须在战略的高度上重视品牌战略。

我建议公司管理层注重现代科学管理和品牌建设，不断提升服务质量，满足客户需求，超越客户期望。

四、组织变革（Organization Transformation）

The reform of organizations includes a focus on optimizing organizational structure.

翻译： 组织变革的目的是为了优化组织结构。

When a business is created or restructured, the right project management method will be subject to the type of business entity chosen.

翻译： 当企业创设或组织重新构建后，要根据企业目前的组织结构类型选择正确的项目管理方法。

常见词组：

权力结构 power structure

组织规模 organizational scale

沟通渠道 communication channels

角色设定 character set

组织之间的关系 the relationship between the organizations

市场占有率 market share

职能组织结构 function type organizational structure

项目型组织结构 project organization structure

矩阵型组织结构 matrix organization structure

网络型组织结构 network organization structure

激进式变革 radical change

渐进式变革 gradual change

总结模板：

Organization is one major function of management. In the information age, the interior and exterior environment of a business organization has been changed greatly. For the management of ××× Company, it is necessary to build a new organization to survive and develop in the new situation.

To ××× Company, I would like to give four pieces of advices.

Firstly, the senior leadership teams will change the organizational structure to make the system running more efficiently.

Secondly, pay attention to establishing a scientific management system and keeping innovating new technology.

Thirdly, strengthen the construction of team spirit and enhance the efficiency of work and diathesis (motivation) of staff.

Finally, strengthen the internal team-building, with a reasonable internal staff deployment, allowing the management to exploit the advantages to their maximum.

That's all my advice. Thanks.

模板翻译：

组织是管理的重要职能，在信息时代，企业组织的内外部环境发生了巨大的变化。对×××公司的管理者而言，必须构建新型组织，才能在新的环境下获得生存和发展。

对×××公司，我有四条建议：

1. 公司管理层要建立符合需求的组织架构，提升系统的运作效率。

2. 注重建立科学的管理体系，不断进行科学技术创新。

3. 加强团队精神建设，管理和培养下属员工，提高业务素质和工作效率。

4. 加强企业内部团队建设，将企业内部员工进行合理的调配，让人员优势发挥到极限。

五、销售渠道（Distribution Channel）

Distribution is the process of making a product or service available for use or consumption.

翻译： 商品或者服务从生产商、提供商流转到消费者群体的过程称为渠道。

The firm's marketing department needs to design the most suitable channels for the firm's products.

翻译： 市场部门应该尽力去设计适合公司产品的渠道。

常见词组：
批发商 wholesalers
零售商 retailers

连锁经营商 chain operator

特许经营商 the franchisor

销售渠道结构 sales channel structure

直接渠道 direct channels

一级渠道 one level channel

密集型分销渠道 intensive distribution channels

选择性分销渠道 selective distribution channels

独家分销渠道 exclusive distribution

实体渠道 physical channels

电子商务渠道 e-commerce channels

移动商务渠道 mobile business channels

渠道扁平化 channels flat

渠道立体化 channel stereo

总结模板：

The marketing channel tactics of the enterprise involve all aspects of the channel. The Corporation should analyze all the competitive powers of the outer environment and adopt a suitable strategy. It is most important to advance the level of management on each working track and integrate collocation of the inner resources to their advantages during the competition.

In my opinion, with the development of the

knowledge economy and wide varieties of products, the demand of the consumers is always changing. So the theory of outer integration of marketing channels can be used to subdivide the markets and set up different marketing channels, before utilizing the methods of multi-channels management so that the relationship between channel members and between members and consumers can be harmonized.

模板翻译：

企业的营销渠道策略涉及渠道的各个方面。企业除了要认真分析外部环境中的各种竞争力量，选择一种较为合适的竞争战略外，更为重要的是在生产经营的各个环节中提高管理水平，使内部资源配置能力在与竞争对手的对比中取得优势。

我认为，随着知识经济的发展，产品门类繁多，消费者需求日益变化，应该根据营销渠道外部整合思想，细分市场，建立不同的营销渠道，然后利用多渠道管理方法协调营销者之间、营销者与消费者之间的关系，通过建立渠道知识共享平台，实现渠道资源的内部化整合。

六、公关危机（Public Relations Crisis）

Public relations are the practice of managing the

spread of information between an individual or an organization and the public.

翻译：公共关系是指在个体、组织和公共三者之间管理信息传播的行为。

Crisis management has been defined as a set of factors designed to combat crises and to lessen the actual damages inflicted.

翻译：危机管理是指通过一系列设计的因素去消除危机，尽量减少危机的伤害。

常见词组：
负面信息 negative information
传播方式 the mode of transmission
动态过程 dynamic process
潜伏期 the incubation period
加剧期 the increase period
爆发期 the outbreak period
消除期 the eliminate period
利益相关体 stakeholders
危机管理 crisis management
加强企业声誉的管理 strengthen the management of

enterprise reputation

孕育企业文化的特性 give birth to the characteristic of enterprise culture

构建企业风险规避机制 build enterprise risk aversion mechanism

培养领导的危机处理能力 develop leadership ability of handling crisis

建立危机处理应急预案 establish the crisis management plan

总结模板：

I'm very glad to discuss the case with all of you today.

In this information age, the public relations crisis has some new trends: the new medium, say Twitter, Blogging, Micro Blog, Google Plus, accelerates the diffusion of the "bad news" and a crisis now has more obvious Domino Effects on enterprises.

For these reasons, I think corporations need a reliable, rapid and sensitive early warning system to help them preventing, slow-downing, reacting to, and recovering from a crisis. Through distribution channel control, media diffusion control, legal approach, and brand strategy they minimize the impacts the crisis brings to the corporation.

Today, crisis management (crisis public relations) is the required course of business survival.

That's all, thank you.

模板翻译：

在网络时代，危机公关出现了若干新趋势：新型媒体的出现加快了危机转播的速度；危机的"多米诺骨牌"效应日益显著。

正是由于这些原因，企业就需要一个可靠的、迅速而敏感的预警系统进行危机公关的预防、减缓、反应、善后；然后，通过策略进行媒体传播公关、订立危机公关渠道控制策略、危机公关法律策略、品牌战略等把危机控制在最小的范围内。

总之，危机管理（危机公关），是今天企业生存的必修课。

七、绩效考核（Performance Evaluation）

Enterprises should set different key priorities of

performance according to the business development's stage.

翻译：企业应该根据业务发展的阶段，设定不同的关键绩效指标。

The goal of performance evaluation is not to punish but to better stimulate employees' development.

翻译： 绩效考核的目标不是惩罚，而是更好地激励员工的发展。

常见词汇：
考核周期 the evaluation cycle
考核主体 the evaluation subject
考核形式 the evaluation form
考核导向 the evaluation orientation
考核指标 the evaluation indicator
绩效目标制定 performance goal setting
绩效计划制定 performance planning
绩效辅导沟通 performance coaching communication
绩效考核评价 performance evaluation
绩效结果应用 performance result applied
绩效目标提升 enhance performance goals

绩效管理 performance management

总结模板：

In the competitive environment, human resources will become a key factor in promoting the development of enterprises which have a group of high-level and high-quality personnel, and will be able to gain a competitive advantage. Talent is also the company's most important asset. Thus, human resource management is essential for the development of ××× Company.

To ××× Company, I would like to provide several suggestions：

First, establish and improve the mechanism on recruiting, training and rewarding, and emphasize employee training.

Second, emphasize the people-oriented management and reconstruct the company culture.

Third, establish the mechanism of retaining people which promotes the culture of "undertaking, sensibility, and rewarding".

Finally, improve continuously the human resource management system, and strengthen the internal team-building, and set up a reasonable internal job transfer system to give full play to the employees' professional knowledge and skills.

That's all. Thanks.

模板翻译:

在竞争环境下,人力资源将成为推动企业发展的关键因素,谁拥有一批高水平、高素质的人才,谁就能够赢得竞争的优势。人才也是企业最重要的资本,因此人力资源管理对于企业的发展至关重要,是未来企业发展过程中面临的突出问题。

对×××公司,我有几条建议。

1. 建立并完善一套现代企业人力资源管理的求才、用才、育才、激才、留才的机制,强调在(职)培训普通员工。

2. 强调以人为本,重视新型企业文化建设。

3. 建立"事业、情感、待遇"的人才机制。

4. 建立健全一套人才使用机制，同时加强企业内部团队建设，将企业内部员工进行合理的调配，让人员优势发挥到极限。

八、兼并收购（Mergers and Acquisitions）

Mergers and acquisitions (M&A) are both aspects of strategic management, corporate finance and management dealing with the buying, selling, dividing and combining of different companies.

翻译：兼并和收购（缩写为M&A）涉及战略管理、企业融资等方面的内容，涉及如何实现不同的公司购买、出售和分拆行为。

常见词汇：
横向收购 horizontal acquisition
纵向收购 vertical acquisition
混合收购 mixed acquisitions
战略收购 strategic acquisition
多元化经营 diversification
规模效应 economies of scale
范围效应 economies of scope
交易成本 transaction cost
市场竞争 market competition
企业风险 enterprise risk

财务成本 financial cost
整合核心竞争力 integration of core competitiveness

总结模板：

Mergers & acquisitions has become a strategy of enterprise management prevailing for a time throughout the globe in current society where the state of capital running increasingly embodies a result of enterprise management. An upsurge of mergers & acquisitions rose in our domestic enterprises in these years. Nevertheless, those which have proved to be a real success were not many. Most mergers & acquisitions cases end in failure, just like ×××Company.

I think there are two reasons: on one hand, mergers & acquisitions is highly risky on its own from a strategic point of view; on the other hand, the failure to synergize between two companies tends to curb the mergers & acquisitions to succeed.

In a word, mergers & acquisitions have risks, so you should be cautious when making one.

That's all, thank you.

模板翻译：

在资本运营状况越来越能够表明企业经营业绩的当今社会，重组战略已成为全球盛行的一种企业经营战略。我国企业在近几年也兴起了一股重组并购的热潮，但真正成功的企业不多，多数并购案例以失败告终，就像×××公司一样。

究其原因，我认为一方面是由于重组战略本身的风险较高，另一方面在于企业间的文化融合。

总之一句话：兼并有风险，整合需谨慎。

九、领导风格（Leadership Style）

Leadership has been described as a process of social influence in which one person can enlist the aid and support of others in the accomplishment of a common task.

翻译：领导力也被称为社会影响力，是指一个人可以争取别人的帮助和支持，从而共同完成任务的过程。

常见词汇：
领导者leader
被领导者follower

领导环境 leadership environment

远见型领导 visionary leadership

民主型领导 democratic leadership

关系型领导 the relational leadership

教练型领导 coaching leadership

十、产业结构（Industrial Structure）

Industrial structure refers to the economics in the connection between the composition of different industries, and the proportion relationship between different industries.

翻译：产业结构是指经济体内不同产业的构成之间的联系，以及不同产业之间的比例关系。

常见词汇：

第一产业 primary industry

第二产业 secondary industry

第三产业 tertiary industry

劳动密集型产业 labor-intensive industries

资本密集型产业 capital-intensive industries

技术密集型产业 technology intensive industries

十一、企业文化（Corporate Culture）

Enterprise culture, also called organizational culture, refers to, the sum of spiritual wealth and physical form of an enterprise.

翻译：企业文化，又称组织文化，是指企业精神财富和物质形态的总和。

常见词汇：
文化观念 cultural beliefs
价值观念 values
企业精神 entrepreneurship
道德规范 ethics
行为准则 code of conduct
企业环境 corporate environment
文化仪式 cultural ceremonies
文化网络 cultural networks

总结模板：
In this case, I think the corporate culture has become the bottleneck of ×××Company's development. How should we construct a wholesome corporate culture?

I would like to provide four suggestions :

First, obey the principle of nature and universal rules and combine the traditional Chinese civilization with western modern sciences.

Second, establish the belief of benefits first and realize the maximum interests.

Third, cultivate the enterprise spirit and teamwork with self-characteristics and shape a good corporate identity.

Finally, the senior leadership shall have an overall globalization view and foresight, stick to the basics of human resources, and keep elite staff and company policies relatively stable.

That's all. Thanks.

模板翻译：

在这个案例中，我认为企业文化已经成为制约×××公司发展的瓶颈。如何建设一个健康的企业文化？对此我有四点建议：

首先，应该遵守自然法则和普遍规律，将中国传统文化与西方现代科学紧密结合起来。

其次，树立效益为先观念，实现公司利益最大化。

再次，培育具有自身特色的企业精神，加强团队精神建设，打造良好的企业形象。

最后，高层管理者要有全球化的大局观和预见力，真正坚持以人为本进行企业生产经营管理，并保证公司人才队伍和方针政策的相对稳定。

十二、企业社会责任（Corporate Social Responsibility）

Corporate Social Responsibility (CSR) is a form of corporate self-regulation integrated into a business model. CSR policy functions as a built-in, self-regulating mechanism whereby a business monitors and ensures its active compliance with the spirit of the law, ethical standards, and international norms.

翻译：企业社会责任是企业实现自我调节的一种商业模式。企业社会责任作为企业一个内置的自动调节机制，实现业务监控，从而确保其企业活动遵守法律、道德标准和国际标准。

常见词汇：

生态系统 ecological systems

矛盾冲突 conflicts

职业健康 occupational health

劳动保障 labor and social security

环境保护 environmental protection

同时，为了更好地帮助大家面对组面的英文总结环节，本书提供了一些英文模板发言，这些发言可以通过背诵并经有机的组合后，达到快速通过英文组面总结的目的。

模板一：

I am glad to be here to have an interesting and constructive discussion over the issue with you today, and here is my English summary.

In this case, we can see ABC Company is at the developing stage. It is carrying out its expansion strategy by horizontal mergers and vertical acquisitions.

But the process is not an easy one. Its difficulty lies in... competition from rivals and unaffordable cost.

To help to realize its target, I would like to give the

following suggestions :

Firstly, they should keep building their core competence in farming chemical industry to solidify the current market share.

Secondly, they should focus on their technical innovation to upgrade the production technology and increase the company's profits.

In the end, they should cultivate the company culture so that all the branch companies and employees are making their greatest efforts voluntarily for a better prospect of the company.

This is my opinion. Now I would like to hear yours. Thank you.

模板二：

I am very happy to be here to discuss with you about this issue. In this case, it describes that the book of Secret Garden was popular in Wechat. A question may pop up in your mind about why it did happen. In my opinion, several factors below contributed to this phenomenon.

Firstly, the book has an accurate market positioning by offering right selling points, releasing our pressure and understanding the social vanity, so it can attract so many customers.

Secondly, it combined hunger marketing with social network services promotion to gain so large sales volumes.

Thirdly, it used brand premium to achieve a good profit return.

If it wants to keep sustainable success in the future, it should make continual innovation, to cooperate with other partner companies, such as brush manufacturing, or extend its product line.

This is my summary, thank you!

模板三:
It is an honor for me to have this opportunity to discuss with you about this case today. From this article,

we can see how ABC Company has operated in China in the past 25 years. It has experienced success and failure both because of sales channel, now the company is at the critical moment of development. As to how the company should cope with the new situation, I would like to share my points as follows.

The first is that its advantages today may also be its barriers in the future; how to deal with it takes a deeper consideration.

The second is we need to estimate the risks and prepare the measures before we make an important business strategy change.

The last is the company needs to find its core competence in each developing stage and keep on its innovation to cope with massive market changes at any time.

模板四：
I am glad to have this chance to discuss with you about this case. ABC Company is very famous in internet industry, especially in search engines area. Now it is

faced with a great crisis of confidence. As far as I am concerned, I would like to give some suggestions.

Firstly, they should respond quickly to this incident officially (?) to avoid vicious spread.

Secondly, they should clarify the truth and shoulder the responsibility sincerely.

Thirdly, they should ask the government for help or aid the authorities in their investigation so as to eliminate the negative effect.

Last but not least, they should take some actions to transfer the challenges into opportunities.

模板五：

I am happy to be here to discuss with you about this case. ABC Company is famous in daily chemical industry. From this case, we can see ABC Company gained significant success at the beginning because they integrated the concept of anti-hair loss into their shampoo. But now they have some difficulty in earning a bigger market share for their future development.

I would like to share my viewpoints as follows.

Firstly, they are good at product positioning and finding the gap market to build their brand successfully.

Secondly, they used the differentiation strategy to attract the target market and in doing so they leave a deep impression on their customers' mind.

Thirdly, they should continue to focus on the product innovation and build different sales channels for different market.

Lastly, they can cultivate their new images at the same time to solidify their brand.

模板六：

I am happy to be here to discuss with you about this case. ABC Company enjoys a very good reputation in daily chemical industry. They have a monopolistic position in rural market. From their development path, I have learned some lessons and would like to share with you.

Firstly, their previous key advantage was their sales

channel which helped them to win the vast country market.

Secondly, they have a flexible price policy that motivates distributors to sell their product.

Thirdly, they cooperated with big-scale events to improve their images and promote their high grade product to increase sales in cities for future achievements.

第二节　英文个面问题

在实际面试中，很多同学对于面试中的英文问题感到非常焦虑。

首先，我们要清楚英文面试的目的。

- 问题反应：是否能听懂英文问题
- 表达流畅：是否能完整地说完一段英文
- 内容切合：回答的内容是否解决了问题

- 逻辑完整：回答的逻辑性较好
- 深度辨析：表达的内容具有深度思考

实际上，在没有任何准备的情况下，即使是名校的申请者，也会有近一半的同学无法顺利地表达一段英文，更谈不上内容切合、逻辑完整、深度辨析。

因此，笔者并不是要在短期内提高你的英语口语能力，而是能够通过面试就好。基于这个目的，我们放弃深度、放弃内容切合，只要做到表达流畅和逻辑完整，就已经赢了80%的其他申请者。

因此，英文面试问题的终极大法就是——答非所问。

简单一点说，就是不管老师问的啥问题，无脑上模板，模板就成为了快速通过面试的关键。

下面通过六个常见英文个面问题的回答内容学习，帮助读者快速掌握英文个面问题的回答要领。

问题一：请你用英文做个人简介。

My name is ×××. I graduated from ×××× in 2005, a university for science and technology. My major was finance. During the four years, I studied hard and won a scholarship every year.

I started my career in China Construction Bank Pudong sub-branch in 2005. I'm now a Banking Company Customer Manager. My responsibilities are to establish, maintain and develop strong relationships with target customers and deliver high quality services, including trade, cash, FX, loans, and corporate finance.

In 2010, I got a promotion to assistant governor of Kangqiao sub-branch. I regarded the promotion as an opportunity as well as a challenge. I think if I want to make more progress and pursue success, I have to learn more about my major and knowledge of management. This is the reason why I register for examination of Shanghai University of Finance and Economics.

问题二：请问你为何选择×××学校？

First of all, ××× University is one of the most famous universities in Shanghai, especially in finance and economics education.

Second, as far as I know, a lot of senior managers in our bank have received MBA education in ×××University. They were all given a high evaluation and gained a lot from it.

In 2010, I got a promotion as assistant governor of Kangqiao sub-branch. I regarded the promotion as an opportunity as well as a challenge. I think if I want to make more progress and pursue success, I have to learn more about my major and knowledge of management. It's the reason why I register for examination of ×××University.

问题三：你能为本校带来什么？

If I have the honor to pass the entrance examination and receive the MBA education in ×××University, I will keep school motto in my mind. I will make full use of what I learn in ×××University and make great efforts to repay the university.

问题四：你如何面对压力的挑战？

If I am faced with pressure or some urgent tasks, first of all I will find the cause of the pressure. Then I will deal with the most urgent task first. If it can be resolved, I will be more confident and start to deal with other jobs.

问题五：你在MBA学习中能获得什么？

If I have the honor to pass the entrance exam and receive the MBA education, I believe I will gain a lot. First, I will learn more about my major and knowledge of management, which will strengthen my core competence. Second, I will make acquaintance with schoolmates from other different companies. Last but not the least, I will have the ability of team building and internal management.

问题六：你认为为何本校会选择你？

If I have the honor to pass the entrance examination and receive the MBA education in × × × University, I think there are three major reasons :

First, I have worked in × × × Company for 9 years. I have enough work experience, and I am highly praised by my leaders and colleagues.

Second, I am eager to study and learn more about finance and management knowledge.

Last but not the least, I will make full use of what I learn in × × × University and make great effort to repay

×××University.

随着各大院校提前面试形式不断地改进，学校也渐渐发现很多同学的英文面试问题在答非所问，就开始更换一些英文问题了，对于常见宽泛的英文面试问题进行了一些修改和升级。

第一类英文变种问题:兴趣选择问题。

为了让读者更好地理解，以下内容都用中文表达。

- 旅游的时候你会拍照吗?
- 你喜欢树还是草?
- 你听摇滚乐什么感觉?
- 你午餐后会做什么?

这个时候存在爱好二选一，或者是兴趣说明，套用以上六个模板就显得不伦不类了。针对这类变种问题，读者可以在前六大模板的基础上，进行第七大模板的准备。

模板七:
我认为我具有以下的性格特征:

第一，勇敢……

第二，善良……

第三，正义……

所以我选择第一个，所以我有……的感觉

第二类英文变种问题：宏观政策点评。

- 要不要保护野生动物？
- 是不是遵守更严格的交通法则？

模板八：

我认为今天的社会已经有了更多的变化：

第一，更加关注隐私……

第二，更加注重健康……

第三，更加喜爱公平……

因此我认为需要……

针对这类变种问题，读者可以在前六大模板的基础上，进行第八大模板的准备，以上英文模板可以在**"勤思昊学"**公众号后台留言免费索取。

　　通过以上组面英文词汇和模板的学习，以及常见个人面试英文问题的回答范本，读者在了解院校招生环节中英文面试的真正考核用意后，应该可以较为轻松地应对英文面试的考核。通过实际教学和实战经验的总结，建议读者在英文面试的时候，**只需要真正做到一件事情，那就是自信、大声、流畅地表达。**

　　至此，读者已经完成了本书的四个模块的学习，分别是思维模块（第一章）、组面模块（第二章）、个面模块（第三章）和英义模块（第四章），读者应该根据报考院校的具体面试形式选择学习。

　　同时，本书的附录包含10个企业实际案例，供各位读者进行组面实战模拟使用。案例的发言讨论参考答案，读者可以关注**"勤思昊学"**微信公众号后查看。

　　最后，预祝各位读者取得理想院校的录取通知书。

实战模拟案例

案例一 MK的关店计划

又一个零售商决定在百货业"大萧条"时，关店避险了。红极一时的美国奢侈品牌Michael Kors（MK）决定在未来两年关闭100—125家全价零售实体店，而其背后恐怕不仅仅是零售百货业的衰退，还有轻奢品牌难以逃离的"流行以后，业绩迅速下滑"的怪圈。

Michael Kors发布2017财年第四季度和全年的财务报告，2017年第四季度MK的总营收为10.6亿美元，同比下跌11.2%；净亏损为2 680万美元，而上一年同期净利润为1.77亿美元，可谓是"天壤之别"。毛利下降11.1%至6.19亿美元。MK第四季度的可比销售也在下滑，同比降低了13.6%，比分析师预计的12.4%还惨。

分地区来看，公司的主要市场美国和加拿大，销售额同比下跌了18%至7.21亿美元；欧洲市场同比下降了15.3%；唯一增长的就是亚洲地区，销售额超过1.2亿美元，同比猛增96.3%。

该集团对2018财年第一季度的成绩也并不自信，预计营收会进一步降低，在9.1亿—9.3亿美元之间。受到业绩的影响，MK决定在未来两年内关闭100—125家实体零售店以提高盈利能力。

计划关闭的门店将都是全价的店铺，不会涉及主力的打折村店铺。预计关店将为MK每年节省6 000万美元，算下来两年节省1.25亿美元。公司董事长兼CEO John D. Idol在财报中表示，2018财年将会是集团最为关键的一年。目前，MK的门店与产品对消费者的吸引力明显下滑了，集团需要想想办法，提升品牌门店与产品质量。

2014—2015年MK这个轻奢品牌突然火了起来，横扫同等级的Tory Burch、Kate Spade和Coach等品牌。除了时尚的设计和高性价比让产品获得消费者喜爱外，疯狂的开店扩张（百货店和打折村）也为其销售业绩的增长贡献了不少力量。

而如今销售的神话已经破灭了，不仅业绩下滑，连股价也比最高时下跌了31%。这种情况的出现怪电商、怪经济形势不好、怪零售百货业的颓势。当然，MK本身也脱不了干系，走了Coach当年的老路——快速扩张和疯狂打折。

MK目前在全球的店铺数超过4 000个，而2013年这一数字还不到3 000，开店的激进程度堪比H&M。虽然开店使得品牌销售额上升，但是从可比销售来看，近两年这个数字是下滑的。扩张势必意味着开店成本上升、存货水平上升，这些都会压缩品牌的利润。

从长远来看，疯狂扩张更会对品牌带来伤害。本来是一个带有一点格调的轻奢品牌，结果大街小巷开满了店铺，一下就走下了神坛。最初消费者还会因为产品而对品牌产生一种追捧的心理，但随着品牌无处不在、每个人都可拥有，消费者就会感觉到厌倦，品牌也会迅速丧失其所代表的价值和生活方式。

在打折方面，MK也是够狠。通常美国打折村的产品，价格可能是专柜原价的一半甚至三分之一。打折村严重影响了品牌的定价策略和掌握议价的主动权。不同层级的定价，会形成相互竞争的局面，并逐渐吞噬高端产品线。长期有便宜打折的包，消费者自然不愿意花两倍的价格来买品牌的全价包，自然也见不得产品涨价。

此外，在设计方面，MK的创新也逐渐变少了，每年MK在专卖店陈列的钱包、背包款式都差不多，还是几年前流行的杀手包、笑脸包，主打的和打折的永远是那几款，而且假货也是越来越泛滥了。

部分人士认为，MK从前过度扩张和疯狂打折伤害了品牌的形象以及最早那批消费者。在一路狂奔时，MK很少审视品牌、审视消费者，未来也不见得会真的树立有效的"新生"计划，很有可能业绩会进一步下滑。

尤其在美国另两大轻奢品牌Kate Spade与Coach已结成一家亲、轻奢格局大改变的当下，Coach正在强势反弹，从关店到业绩重回双位数增长，重新获得了消费者的喜爱并掌握了议价能力。

拿下Kate Spade更是能帮助集团获得年轻一代消费者的喜爱。Coach和Kate Spade的崛起会继续抢占MK的市场份额。这对于仍然单打独斗的MK来说并不是什么好消息。

2014年，面对MK的大举进攻，Coach毫无招架之力，只能吞下当年的苦果。2017年，Coach复活了，打得MK落花流水。MK没能够避免Coach当年的错，但是她能复制Coach重回巅峰的神话吗？

案例来源：根据《第一财经周刊》、钛媒体、网易财经等
商业媒体资料重新整理

讨论题：
导致MK跌入低谷的原因是什么？
你对于MK未来的发展有什么建议？

案例二 ▶ B站难寻变现之途

2017年5月22日，上海联合产权交易所挂出了一则转让哔哩哔哩影业（天津）有限公司（以下简称哔哩哔哩影业）45%股权的项目信息，转让方为上海尚世影业有限公司，挂牌价格为200万元。

2015年12月份，估值超17亿元的B站牵手尚世影业成立影视公司，强强联手让业内对二次元内容影视化变现生发出无数期待。两年时间不到，哔哩哔哩影业股份就被大股东"低价抛售"，甚至可以说是"跳楼清仓"，哔哩哔哩影业和身后的同样面临盈利碰壁问题的B站一起成为大众唏嘘的对象。

据公开信息显示，目前B站上已经拥有超过一亿的活跃用户和超过100万活跃的UP主。坐拥庞大的用户群体和流量价值，以及在年轻人群体中的影响力，B站却至今还没有找到商业化的业务突破口，确实表现得不尽如人意。

但忽视二次元经济价值，怀疑二次元商业变现没有出路的论断还为时尚早。需要被"拷问"的是：B站想变现的"钱眼"究竟在哪？如何全产业链发展实现"曲线救国"？

两年前，B站和尚世影业的"联姻"曾让同行羡慕不已。2015年12月，估值超17亿元的哔哩哔哩弹幕网（B站/bilibili）牵手尚世影业成立哔哩哔哩影业。尚世影业是上海东方传媒集团（SMG，原上海文广新闻传媒集团）旗下全资子公司，其及前身上海电视传媒公司参与出品制作的影视作品包括电视剧《北平无战事》《长大》《浮沉》、动画电影《喜羊羊与灰太狼》系列以及电影《十月围城》《枪王之王》等。

据当时媒体的报道，2015年时期的尚世影业已经参与宣发的影片票房累计超过20亿元，三年复合增长超过60%，营收6亿元，利润8 000万元。

一方面，尚世影业正在试图寻找与更年轻的用户群体沟通，拥有约5 000万年轻用户的B站对尚世影业诱惑极大，习惯于"抢"先布局的尚世影业渴望这支新兴力量；

另一方面，B站急需将触角从小众的二次元视频领域向外扩展，电影、电视剧制作领域似乎是未来二次元内容商业化的重要变现出路。但如今业内赋予众望的哔哩哔哩影业却陷入了高开低走的窘境。

成立近两年时间，哔哩哔哩影业先后参与了《神探夏洛克特别篇：可恶的新娘》《精灵王座》等电影项目。但从票房来看，影片的收益并不理想。根据股权转让挂牌信息，哔哩哔哩影业也没有带来任何营业收入，净利润为负0.61万元。

B站和尚世影业的"分手"，是不是代表着二次元变现真的没有出路？

关于B站的商业化实验从很早就进行了，B站尝试以大会员制度和对二次元全产业链布局等路线，遵循以用户价值为依归的产品逻辑来挖掘未来的盈利模式。例如，推出赴日定制游产品、新番出现广告等，但这些变现方式有些鸡肋，行之有效的盈利模式至今还不明晰。

根据各大视频网站公布数据以及艺恩统计，2016年国内视频付费用户数已经达到7 000万，预计2017年将达到8 000万。从市场整体来看，消费者为内容付费的消费习惯正在逐渐养成，在图文付费成为未来趋势的同时，视频内容付费存在着同样可期待的市场想象空间。

B站的大会员制度选择了一种隐蔽又温和的收费方式。没有明码标价的收费标准，而是通过用户对社区的参与度而获得，除了增加社区的用户黏度外，还鼓励更多的用户来承包番剧。这种将情怀和商业化两相综合的变现手段保住了情绪"敏感"的二次元用户。相较于爱奇艺《太阳的后裔》播出两个月带来至少1.9

亿元会员费的收入数据，B站的"小步慢跑"战略确实不占优势，但这种算得上初见成效的盈利方式已经开了个好头。

除了试水付费体验之外，B站精准的用户定位和高黏性用户群体也为平台带来了天然的营销势能。《我在故宫修文物》《大圣归来》《你的名字》等项目都展示了B站的粉丝动员能力，平台流量的转换价值不可小觑。

同时，B站对于二次元全产业链的布局也是未来重要的发展方向。2016年以来，二次元经济一路高歌猛进，动画作品的宣发运营、衍生品开发、线下活动、游戏联运等多个方面都具备充分的市场想象空间。B站也做了不少抢先布局的动作，比如牵手腾讯布局全产业链，还投资了绘梦动画、翼下之风等动画漫画公司，以及轻文轻小说、M站等更垂直细分的二次元平台，展会方面有ComiDay、ComiTime、米漫等。

但是，摆在B站面前最尖锐的问题是如何有效整合这些资源，以及平衡平台用户情绪和走向盈利的速度问题。

案例来源：根据《第一财经周刊》、钛媒体、网易财经等商业媒体资料重新整理

讨论题：
你对于B站未来的发展有什么建议？

案例三 ▷ 海底捞的舆情反转

2017年8月25日，《法制晚报》卧底两家北京海底捞后厨近4个月，公布了部分照片。照片显示：老鼠在后厨地上乱窜、打扫卫生的簸箕和餐具同池混洗、用顾客使用的火锅漏勺掏下水道等。涉事的是海底捞劲松店和太阳宫店。

《法制晚报》在报道中还说："配料房的工作人员还用漏勺剔除粘在挡板底部的垃圾杂物。后堂过道处人来人往，没有一个员工站出来表示不满，就连后堂经理也只是看了一眼随后转身离开。记者与旁边的员工交谈被告知，这件事没什么好大惊小怪的。"

被媒体曝出后厨卫生状况堪忧后，当天下午海底捞针对此事作出反应，称"问题属实、十分愧疚"。北京市食药监局也表态，对这两家门店立案调查。

当天傍晚，海底捞再次发声，公布了详细的7条整改计划以及责任人名单，整改包括可视化、与第三方虫害治理公司合作等内容。

值得关注的是，海底捞管理层还特地安抚员工。7条声明中的第6条称:"涉事停业两家门店的干部和职工无需恐慌,你们只是按照制度要求进行整改并承担相应的责任。该类事件的发生,更多的是公司深层次的管理问题,主要责任由公司董事会承担。"

海底捞的官方网站上有一个栏目叫"食品安全",这个栏目下只有两句话:"海底捞可能有两种死法:一种是管理出问题,如果发生,死亡过程可能持续数月乃至上年;第二种是食品安全出问题,一旦发生,海底捞可能明天就会关门,生死攸关。我们明白,抓好食品安全这条路虽然曲折而艰辛,但不会白走。"

显然,从海底捞公告的表述上可以看出来,海底捞认为公司目前面临的危机并非食品安全危机,而是管理上的问题,这种管理上的问题应该由公司董事会承担。但是,这些董事会成员如何承担这个责任?如何承担对消费者带来的利益损害?该公告没有提及。

按照"清博舆情大数据系统"的监测数据,在8月25日上午10时被曝光之前,海底捞的网络口碑以正面为主,占据了74.75%的高比例,相对应的负面口碑仅有9.22%,另有16.03%的中性评价。而在食品安全事件曝光后,海底捞不仅在网络的关注度暴涨,口碑也急转直下,负面口碑占据了49.15%,而正面却陡降至11.07%。

清博舆情在分析中指出:"这种舆论情感的骤变源于网民的心理落差,源于这一近乎被'神话'的餐饮企业出现食品安全隐患后的形象坍塌。"

然而，对海底捞一边倒的负面评价所持续的时间出乎意料地短暂。

在8月25日海底捞连发两次声明后，两天之内，与下列标题大同小异的文章在网络平台上大量出现——《海底捞的危机公关，你也学不来》《海底捞"哭"了，但员工不"哭"！》《这锅我背，这错我改，员工我养，这次海底捞危机公关100分！》《向海底捞学习，创业公司如何做好危机公关？》。这类文章，有多篇获得"10万＋"。

此后，舆论的导向开始迅速发生变化。清博舆情公布的数据显示，8月26日，针对海底捞的负面信息占比降至25.93%，正面信息占比则大幅提升至33.92%；而8月27日新公告发出后，比例的变化更为惊人，正面评价以46.95%的占比重新占据主位，而负面评价仅剩下19.05%。

不过，让人感到非常蹊跷的是，这一系列文章虽然以各自不同的自媒体人、网络大V等名义发出，但是文章的内容、格式、行文语气、配图、配图的顺序都有诸多相似之处。很明显，这是一篇"通稿"之下的各自发挥。

与此同时，搜索主流论坛、微博等平台可以发现，将海底捞公关视为满分公关的不在少数。还有网友舆论中出现了诸如"中国餐馆后厨都很脏，海底捞已经很良心了，还认错了"这样的看法，并且获得相当多网友的认可、点赞。还有网民表态，"海底捞有担当，公关满分，良心企业，必须原谅"；甚至还有人说，"你自己家后厨也不见得比海底捞干净"。

值得注意的是，这些为海底捞点赞、打满分的评论具有很强的"协同性""纪律性"，具有"水军"的特点。更加值得关注和引人思考的是，海底捞这种通过打"温情"牌引导舆论导向的手法此前也曾用过。

早在2011年，海底捞被曝"锅底饮料系勾兑"时，海底捞董事长张勇就曾发出过一篇微博："菜品不称重、偷吃等根源在流程落实不到位，我还要难过地告诉大家，我从未真正杜绝这些现象。责任在管理不在青岛店，我不会因此次危机发生而追查责任，我已派心理辅导师到青岛以防该店员工压力太大。对饮料和白味汤底的合法性我给予充分保证，虽不敢承诺每一个单元的农产品都先检验再上桌，但责任一定该我承担。"

此手法被某些公关业人士认为是"经典之作"，并频频用于业内宣讲案例。

几乎同一时间，全季酒店的卫生问题也被媒体曝光。8月24日上午，一则关于全季酒店济南泉城广场店"保洁员用洗脸毛巾擦马桶"的视频再次引发舆论关注。

当日深夜，全季酒店官方微博发布"关于全季济南泉城广场店违规清洁事件的声明"，证实该视频属实，向当事人及社会公众表示深刻的道歉，并给予该名员工开除、泉城店店长免职等处罚。与海底捞公关团队的"满分"形成鲜明对比，有人认为全季酒店的公关是不及格的。

一个海底捞，一个全季酒店，面对同样的信任危机，到底谁是"满分"，谁是"不及格"？而"诚实"——这一烙印在人类灵魂深处的基因是可以如此轻易地被篡改、被有目的的网络欢呼所裹挟的吗？

案例来源：根据《第一财经周刊》、钛媒体、网易财经等商业媒体资料重新整理

讨论题：
你对于海底捞的公关危机的处理有何看法？

案例四 电商异类之拼多多

"拼多多"凭借"团购＋低价"策略以及对微信平台社交属性的运用，从三线以下城市崛起。

　　在行业内消费升级浪潮来临之际，拼多多却反其道而行之，走上消费降级之路。有人质疑其低劣商品的策略难以为继，也有人认为它会真正实现互联网电商去中介的愿景。

　　3亿用户，百万级商家。这是社交电商拼多多官方提供的数据。有人将它比作电商界的今日头条和快手，凭借"团购＋低价"策略以及对微信平台社交属性的运用，从三线以下城市神奇崛起。

　　根据猎豹电商2017年12月发布的数据显示，拼多多超越天猫、苏宁易购、唯品会、京东"老四家"，成为周活跃渗透率仅次于手机淘宝的电商App。

　　成立仅两年多，拼多多这个异类究竟是如何崛起的？

　　拼多多创始人黄峥是一个80后。2015年4月，黄铮创办的水果生鲜类App"拼好货"正式上线。拼好货以拼单为切入点，通过微信朋友圈等社交平台邀请好友参团，达到规定人数时拼单就会生效。

　　五个月后，拼多多应运而生。同样采取了拼单玩法，但其与拼好货的不同在于，拼多多并不聚焦于某一类垂直领域产品的销售，而是经营全产品的销售。如果说前者强调的是产品体验，自建供应链的自营模式，后者则是让供应商入驻、与物流第三方合作的平台模式。

2016年9月，"拼好货"和"拼多多"宣布合并。拼好货变成了拼多多的一个子频道，拼好货将拆分后端仓配业务，从名不见经传到距离行业巨头淘宝仅一步之遥，拼多多只用了不到三年。

"这就像一种'病毒式'传播，通过极低的销售价格吸引到客户，然后通过团购，将微信的传播裂变属性最大程度放大。"商品价格冲击是拼多多吸引买家的第一步，以"19块9的牛仔裤""39块9的床单三件套""45块的羽绒服"这类极低价格的产品吸引用户，然后通过拼团的方式进一步压低价格，引诱更多客户参与其中。

根据国内最大SDK软件开发服务商极光大数据的统计，拼多多用户70%为女性，65%来自三四五线城市，来自一线城市的用户仅有7.56%，其大部分用户属于三线以下城市的低收入人群，她们无疑属于价格敏感型的客户。

低价抓住了这些人的核心需求，而团购能够最大程度发挥社交媒体的优势。事实证明这一模式相当成功，凡是拼多多首页推荐产品，大部分销售量均达到了几十万件，百万件的爆款也不罕见，这对传统电商而言是难以想象的数字。

在拼多多之前的实物电商的团购这种模式为什么没有成功？可能是因为其需要大量的资本和供应链加持，因为商品本身就很便宜，所以补贴也很大。2013年这个阶段，用户获取成本已经很高了，团购网站无法和淘宝、京东这类公司在获客上竞争，电商又是非常讲求规模的行业。所以，实物电商团购本质还是营销手段，而且对商家和消费者也不友好，因为当商家的商品亏钱后，就开始对提供的服务质量打折扣，进而损害消费者的体验，所以它不是一个长远的商业模式。但从2014年起，改变开始了，"微信春节红包"横空出世，使得微信支付成为足够与阿里支付宝分庭抗礼的支付App，这也为微信体系下的电商带来了一波流量红利。

拼多多充分利用了微信这一波红利，抓住了核心的消费群体及其需求（便宜），快速把中国三线以下城市的低收入群体与自己平台上的货品对接起来。

拼多多成功的一个重要原因，在于中国目前的社会消费层次仍然比较多元，三四五线城市的低端消费需求存量市场依然很大。与其说拼多多是主动的消费降级，不如说它是通过社交媒体，重新抓住了如今已经被淘宝、京东等成熟电商抛弃的低端市场。

拼多多从某种程度上实现了互联网电商最初的愿景：砍去所有中间商，让价格低廉的商品走向用户。

低价就意味着要尽可能减少所有的中间环节，而拼多多动辄数十万的销售量也决定了只有大型厂商才有能力承接这一销售额。而这也指向了另一个问题：拼多多的未来在哪里？拼多多未来有可能会回归自营，也就是经营自己的品牌，以此把握供应链。由于拼多多是以商品为中心进行销售，因此用户在平台上几乎感受不到实际店铺的存在。在2018年的春节期间，拼多多内部尝试性地推出了自己的年货大礼盒，其中的粮油干货商品均出自合作厂商，而包装上的品牌赫然印着"拼多多"三个大字。

拼多多的软肋还包括商品质量。网络上所有关于拼多多差评的反馈中，绝大部分都是对其产品质量控制的质疑。低价通常意味着低质，客户的忠诚度并不高，消费群体流失的可能性很大。而且依靠低价策略维护的用户其忠诚度并不高，一旦有与拼多多类似的平台出现来分散用户的需求，那么拼多多的护城河也并非坚不可摧。

可能正是意识到这一点，2018年2月1日，拼多多发布《2017拼多多消费者权益保护年报》，并宣布设立1.5亿元消费者保障基金，帮消费者处理售后纠纷并维权索赔。《年报》数据显示，拼多多2017年共下架1070万件问题商品，通过黑名单机制终身封禁售假商家，回流率低于5%。

案例来源：根据《第一财经周刊》、钛媒体、网易财经等
商业媒体资料重新整理

讨论题：
你如何评价拼多多的商业模式？
你对其未来的发展有什么建议？

案例五 国产体育品牌的艰途

虽然李宁品牌亮相纽约时装周，但在资本市场上，李宁似乎没有得到同样的惊艳。目前，李宁总市值125.72亿港元。与之相对的是另一国产运动品牌安踏体育，上个月市值一度超过千亿港元，目前为931亿港元。不过，此前引起热议的"程序员穿特步相亲被嫌弃"事件，还是体现出受众对于国产运动品牌有着"廉价""不够精致"的刻板印象。国产运动品牌走向国际任重而道远。

2018年2月8日，前奥运冠军、著名体操运动员，如今已是企业家的李宁晒出自己二十多年前拿着"大哥大"的照片，发了这样一条微博："我二十多年前也号称潮人，今天中国李宁亮相纽约时装周，请多指教。"

当地时间2月7日上午，运动品牌李宁以"悟道"为主题，带着自家的鞋服产品，出现在了纽约时装周2018秋冬秀场。除了李宁，入驻时装周的还有太平鸟、Clot、Chen Peng等三家品牌。回想此前引起热议的"程序员穿特步相亲被嫌弃"，李宁这波亮相可谓有几分惊艳。

知名投行美银美林发布研报称，由于李宁集团成本及服务费上升，下调其2018年至2019年的税后盈利预测5%—8%。李宁2017年第四季度的线下销售增长较第三季度加速，但是线上销售却有所下滑。

美银美林称，展望2018年，李宁或会有更快的收入增长，但毛利率恢复方面则逊预期。此外，李宁或能够在多品牌销售策略与持续业务恢复中取得平衡。

自2004年上市以来，李宁有过两次乘风而起的经历：一次是2007年的大牛市；另一次则在2010年，李宁营业额一路攀升至94.78亿元，距离百亿大关只有一步之遥，而这也是李宁由盛转衰的顶点。

目前，李宁股价为5.77港元，总市值125.72亿港元。形成对比的是另一国产运动品牌、"晋江系"的安踏体育，上个月市值一度超过千亿港元，目前为931亿港元。此外，同样来自晋江的361度和特步国际，目前总市值分别为53.55亿、77.81亿港元。

业内人士认为，安踏、特步等国内品牌成立之初，主要目标人群是二三线城市。比如安踏，根据财报显示，FILA店铺主要布局一二线城市，但包括安踏儿童店在内的大部分门店布局在二三线城市。

此外，在不少普通消费者的认知中，外来品牌比国内品牌要好，这样的消费心态在其他国家也是普遍存在的。如中国品牌回力，售价在国外较高，在国内不足百元。目前国产运动品牌与国外品牌的技术工艺差别不大，低端形象主要是由于长期的品牌定位累积造成的，这种形象很难改变。不过，这些品牌已经开始逐渐走向国际市场（李宁亮相纽约时装周就是例证）。

从财报来看，总的来说，在经历了2012—2013年的业界"寒冬"之后，上述四大品牌已趁着国内全民健身热潮，借助消费升级的东风，在"逆袭"之路上各自发力、各显神通。

FILA之前，安踏曾因盈利状况不理想而出售阿迪达斯、锐步以及Kappa三个国际品牌的代理零售业务。接手FILA后，安踏将其品牌定位重新回归到高端时尚运动装，抢滩一二线城市中高端消费市场，这一策略被证明是行之有效的。FILA开始带动安踏扭亏为盈。2016年，安踏净利润同比增长16.9%。其中，FILA成功带动服装品类的毛利率上升3.2个百分点至51.0%，并拉动公司整体毛利率上升1.6个百分点至48.4%。如今，安踏50.6%的毛利率，甚至超越了国外体育品牌巨头阿迪达斯。

跑步和足球，是特步确定的两个专业化发展方向。作为中国赞助马拉松赛事最多的运动品牌，仅2017年，特步就赞助了29场马拉松赛事。

与此相对应的，是国产运动品牌在产品研发上的投入。2017年中报显示，安踏的研发经费占收入比例从上一年的2.3%升至2.9%，特步紧随其后，从2.3%增至2.8%，而361度则微升至2.9%。

此外，智能运动装备也是国产运动品牌的一大发力点。比如，李宁将智能元素融入固有科技平台，联合小米推出多款智能跑鞋；361度联合百度推出了智能童鞋，具备高精度定位功能，还能监测孩子的身体状态。当市值和营收奠定了坚实的基础后，为真正改变受众的刻板印象，国产品牌在综艺、赛事、明星代言等广告推广上的投入，也堪称大手笔。

特步加大了对跑步及足球的宣传和赞助。仅2017年上半年，广告及推广费用占到收入的12.2%，同比增加了近3个百分点，达到2.8亿元。同年还签下了赵丽颖和林更新，塑造运动新形象。

361度在专注大型体育赛事营销领域的同时，也签下了一批体育和娱乐明星。孙杨是旗下最具影响力的体育代言人，此外还有CBA外援吉默·弗雷戴特、国家游泳队员刘湘以及知名歌手、演员魏晨。

不难看出，"专业运动"和"娱乐时尚"是国产运动品牌营销的两大关键词。一方面，各运动细分领域消费者对专业化需求渐渐提高；另一方面，吸引年轻消费者，塑造阳光活力品牌形象，娱乐明星的流量效应不言而喻。

但也有人认为，明星代言或许只是"看上去美好"。来自消费者洞察公司Bomoda的报告就提醒，许多KOL（关键意见领袖）都能引发社会热议，但却未能激励消费者购买产品。

一面是业绩表现强劲，一面是品牌的"廉价""不够精致"形象，国产体育商品的品牌到底应该如何塑造，在定位与利益之间该如何抉择，仍然值得我们探讨与反思。

案例来源：根据《第一财经周刊》、钛媒体、网易财经等
商业媒体资料重新整理

讨论题：
你对于国产体育品牌如何塑造和发展有何建议？

案例六 ▷ 雀巢进军健康医疗

"我们计划在全球开设10—12家这样的皮肤健康中心，纽约是第一家，2014年底项目已启动，7月21日上海中心启动，预计2016年第一季度开幕。从纽约到上海，这样的时间和顺

序绝不是巧合。"由雀巢全资控股的GALDERMA（高德美）大中华区董事总经理日前在接受《第一财经日报》记者专访时表示。

自2014年雀巢宣布进军皮肤医疗领域以来，近日该战略执行又下一城。7月21日，雀巢皮肤健康公司宣布正式启动雀巢皮肤健康研究、教育及长寿研发（下称"SHIELD"）上海中心。该研发中心的主要功能，旨在通过科研、教育以及科技应用的手段，促进皮肤医学知识和实践操作领域的创新与合作，主要的服务对象则是来自皮肤科、普内科、老年科、护理科和技术领域的医疗保健专业人员。

2014年，以巧克力、婴儿食品和咖啡著称的食品公司雀巢集团正式宣布进军皮肤健康医疗领域，其中的重要棋子就是此前曾布局过的皮肤科制药公司高德美。

2014年2月11日，雀巢通过股份回购的方式，将4850万份欧莱雅股份出售给欧莱雅，其中，部分融资通过欧莱雅将其在瑞士的皮肤制药公司GALDERMA（高德美，欧莱雅与雀巢之间的50/50合资公司）的50%股份转让至雀巢，被转让股份的企业价值为31亿欧元，雀巢将以欧莱雅2120万股股票作为支付对价，其余部分，欧莱雅以34亿欧元现金购买雀巢公司持有的2730万股欧莱雅股票。至此，雀巢拥有高德美100%股权。

"该项收购计划在2014年7月已经完成,而目前雀巢皮肤健康公司的实际运营公司就是高德美。"高德美大中华区董事总经理表示,作为一家专门致力于皮肤科药物研究的制药公司,目前高德美拥有处方药、自我医疗部、美容与整形三大业务单元,对消费者来说熟悉的法国药妆品牌丝塔芙(Cetaphil)就出自高德美。

除此之外,2014年5月,雀巢公司又斥资14亿美元收购了Valeant制药公司部分注射式除皱药物的商业权利。雀巢皮肤健康首席执行官兼高德美全球总裁表示,公司2014年还投入了约3.50亿美元进行皮肤病药物的研究与开发。

食品老大为何想做皮肤医疗?用其高成长性和高利润弥补食品零售业务的增长瓶颈或许是主因。

根据雀巢发布的2013年财报,受欧洲产品价格下跌以及新兴市场需求放缓双重影响,雀巢2013年有机增长放缓至4.6%,这一数字创四年来最低水平,而在2012年,这一数字是5.9%。2013年,雀巢净利滑落至100亿瑞士法郎。雀巢方面对此表示,这是受低利润投资组合的重组成本和影响所致。

雀巢显然知道,皮肤健康是一个快速增长的行业,相比食品和饮料利润也更高。

值得一提的是,就在雀巢决心跨入皮肤健康医疗领域的前一年，雀巢在发达市场销售仅增1%，新兴市场增幅则达到9.3%。而将新兴市场的代表中国上海选址为雀巢皮肤健康项目的第二个启动地似乎也预示着，此次雀巢决心进军皮肤健康领域将会采取发达市场与新兴市场并行的战略。

"中国人口在进一步老龄化，城市发展速度越来越快，与此同时，还有一个巨大的变化就是人们的生活方式正在变得越来越活跃，所以对医疗的需求也在进一步上升。"高德美大中华区董事总经理对记者表示，"雀巢皮肤健康中心第一个启动地点在纽约，第二个在上海，这在时间和顺序上绝不是巧合。"

"我们为什么选择上海？很简单，根据一系列数据表明，中国2020年老龄人口会达到2.4亿以上，皮肤也在老龄化，人口也在老龄化，选择上海最有可能对广大的老龄化皮肤需求产生最有价值的影响。"该董事总经理表示。

案例来源：根据《第一财经周刊》、钛媒体、网易财经等
商业媒体资料重新整理

讨论题：
你如何评价雀巢进军健康医疗领域的行为？
你认为雀巢如何实现在该领域中的竞争优势？

案例七 APPLE WATCH的命运

Apple Watch会怎样?

Apple Watch的命运无外乎这么几种:首先是成功和失败的分别。如果它成为Google眼镜,那它就是失败的。如果它成功了,那下面就要回答它究竟会是那种量级的成功:是iPod级的,iPad级的,还是iPhone级的,甚至说会自己成为一个单独的量级?

以苹果今时今日如日中天的地位,Apple Watch首先不会重蹈Google Glass的覆辙,关键在于能卖出去多少。

而Apple Watch能否超越iPhone的关键在于怎么定位这款产品:如果说它是一个扮演智能壁纸角色的手机辅助设备,进而必须依赖于iPhone,那它就不可能超越iPhone;但如果它将扮演的角色是世界数据化后人与数据世界交互的核心枢纽,并且适配大部分智能手机,那它就可能会超越iPhone,并且弱化iPhone的作用。这里的关键点是,Apple Watch是否会成为一个真正独立的新品类。

因为各种IT技术尤其是互联网的出现，世界的一个根本发展趋势是数据化的程度在不断加深。如果没有核战争这类毁灭性事件来打断，这个趋势不太可能发生逆转。而未来世界只要还不是黑客帝国那种形态，人本身（包括价值、幸福等）就始终不是数据化的。为了打通人与数据化的世界，就需要一种有效的中介。PC、Pad、智能手机、手环等扮演的都是这个角色。

这类产品的关键支撑有三个：便携性、人机交互、审美＋功能。所以说，总是可以从这三个维度来考察一款像Apple Watch这样的产品。

长期来看，便携性的终极形态应该是人与机器的混合，比如植入；人机交互的终极形态可以类比于脑与四肢；审美则是极度个性化、拟人化，也就是说基本方向不是整齐划一，而是不同人用不同的产品；功能则依赖于生活本身，看着最关键，但往往并不产生差异。产品方向与此吻合可以称之为跑道正确，剩下的就是细节决定成败。

从便携性的角度看，PC、笔记本、Pad/智能手机、智能手表正是一个递进的过程。手表虽然到不了四肢那种程度，但如果能比较好地解决防水、充电问题，那肯定可以在便携程度上超越之前的所有产品，包括现在便携性最好的手机。

从人机交互的角度看，主打键盘的命令行到主打鼠标的图形用户界面再到触屏是一种明显的递进关系，但从触屏到这次的Digital Crown则算不上什么巨大进展，而更像是一种对小屏幕的折中。这样一来，关键点就是体验会不会退化，在这点上具有非常大的不确定性，在具体体验前很难说得清楚，但却是成败的关键。

人机交互的方式事实上决定了功能的范围。人机交互历来的发展脉络都是让自己强得更强，比如鼠标和触屏并不能撼动键盘在打字上的优势，所以重度文字工作者仍然要依赖于键盘，而Adobe这样的重度画图应用仍然要依赖于鼠标。iPad这类依赖于触屏的产品则相当于是截取了PC中某一部分功能（比如上网、看电影），再辅助上发挥触屏独有优势的东西（比如切水果），让触屏的优势得以发挥，最终成为一个新的品类。

从这个角度应该可以更好地理解Apple Watch的人机交互特征：配合便携性，它更适合只需两三步操作的事情，比如看天气、支付、搜索等。概括来讲就是：凡是在手机上我们会打开看一下就关闭的应用都更适合手表。短期来看电商是不适合的，现有类型的SNS比如微信也是不适合的，但搜索则很可能是适合的。不管怎么样，智能手表并不像智能手机那样有通信、上网这样的刚需可以依赖，在这点上它是弱势的，但有上述说的只需两三步操作的应用以及身体测量等作为支撑，它并不会跌破及格线。

从审美的角度来看，智能手表正是所有电子产品中审美成分最重的一个。衣服的根本功能是御寒，但人类在很长的时间里已经不只是因为需要御寒而买衣服了。手表也一样，其初衷是为了计时，但在过去很长的时间里人们并不是因为需要计时而买手表，所以在很多百货商店里手表是和珠宝摆在一起的。

所以说，在这点上 Apple Watch 与 iPhone、iPad、iPod 是不同类的产品，后三者要解决的首先是功能，其次才是优美的工业设计，而 Apple Watch 必须首先解决美的问题，其次才是功能。这相当于跨越鸿沟前依赖的那波用户的需求是不一样的。

概括起来就是：Apple Watch 在便携性上有很大优势，在人机交互上有比较大的风险，在功能上有需要但没有刚需，更像是截取部分手机功能的一款产品（很像 iPad 之于笔记本），在审美上有远比过往产品高的要求。这里面便携性和功能其实更多的是属于智能手表这个品类，但人机交互和审美则依赖于苹果公司的努力。

审美则是非常微妙的一个维度，但确实是这款产品制胜的关键，Moto 360 等无法启动这个市场很可能主要受限于此。在这点上苹果无疑具有最大的社会资本。从 iPhone 的配置、价格与销量上，就可以观察到这种社会资本已经大到了什么程度。这种社会资本说起来可以很简单：非常多的人已经在心智上潜意识地认为苹果的东西就是好的。这无疑意味着一般产品最难的跨越鸿沟对苹果而言却非常轻松。从产品来看，苹果在这个维度上确实是下足了功夫，同时还比较罕见地采取了多样化的策略，来满足不同人群的需求，这应该是对的。

苹果与Android阵营的竞争是一场国战，在不同产品上结果会不一样。手机上Android阵营至少在量上取得了胜利，但Pad上则是苹果取得压倒性优势。在智能手表上则更可能重现Pad的局面。

这里的关键是定价，如上面所说，由于在审美这类因素上的欠缺，Android阵营虽然先跑一步，而且也打造出了Moto 360这样很不错的产品，但总是启动不了这块市场。而一旦苹果启动了这块市场，短期内它无疑会一骑绝尘。接下来如果它把起始价格定在2 000多元人民币这样一个极为大众化的水平，并且进行多样化，别人就很难找到自己的空间，拉开价差对主流用户意义并不大，在体验上又不太可能有优势。

所以，如果Apple Watch成了，那出问题的就不止是传统的手表制造商，还会给Android阵营的各家大厂制造很多麻烦。当然，如果Apple把这款产品定位于iPhone辅助，坚决不支持iPhone以外的智能手机，事情可以另当别论。

案例来源：根据《第一财经周刊》、钛媒体、网易财经等商业媒体资料重新整理

讨论题：
你如何评价Apple Watch未来的发展态势？

你对于 Apple Watch 的发展有何建议?

案例八 ▷ 百度自动驾驶汽车计划

阿里巴巴正在定期进行自动驾驶汽车路测,目前已具备在公开道路上行驶的能力,最终目标是达到4级自动驾驶,这意味着汽车可以在大多数情况下自动驾驶而无需人力介入。一位阿里巴巴发言人向媒体确认该消息,并表示阿里巴巴正在为其人工智能研究实验室聘请50名自动驾驶专家。

微软和百度2017年7月联合宣布,双方将在智能云服务市场展开合作,以推动自动驾驶技术的发展和普及。微软将通过其Azure云服务在中国以外的国际市场上为"阿波罗"计划保驾护航。

特斯拉将在全球范围内上线驾驶员识别技术,将驾驶员个人设置的资料同步到"云"数据库,用户不论驾驶哪一辆特斯拉汽车,都如同驾驶自己的爱车一般,车内设置均符合用户个人资料里设定的标准。

黑莓CEO在博鳌亚洲论坛上表示:"在环境经济方面,自动驾驶平台明显是有好处的。数据也非常清楚,每年在全世界范围内有130万人死于交通事故，自动驾驶车辆会减少80%的伤亡，这80%即使是在中国都能够把GDP提升10%。"

2017年7月，国务院发布《新一代人工智能发展规划》，其中就将自动驾驶写入了"国家战略"。

2018年美西时间1月8日下午2点，百度在美国拉斯维加斯举行了Baidu World发布会，面向全球介绍了两大AI技术开放平台——Apollo开放平台和DuerOS开放平台的最新进展。

百度集团总裁兼首席运营官陆奇为发布会做了开场演讲，宣布正式推出Apollo2.0自动驾驶平台。Apollo 2.0目前可以实现简单城市道路自动驾驶，包括云端服务、软件平台、参考硬件平台以及参考车辆平台在内的四大模块已全部点亮。Apollo2.0带来最完整的解决方案和灵活的架构，首次开放安全服务，并进一步强化了自定位、感知、规划决策和云端仿真等能力。

陆奇在发布会上远程连线清晨7点钟的北京，在现场向来自全球的开发者展示Apollo 2.0自动驾驶的最新成果：十辆不同类型、不同功能的百度无人车在北京百度大厦周边"夜奔"的场景。为了推广普及，百度还宣布与Udacity联合推出面向全球的Apollo自动驾驶在线课程。

2018年3月，北京市有关部门宣布，在经过封闭测试场训练、自动驾驶能力评估和专家评审等系列程序后，向百度发放了北京市首批自动驾驶测试试验用临时号牌。北京自动驾驶测试试验用临时号牌共分为T1至T5五个级别，百度此次拿到的5张T3牌照属于国内迄今颁出的最高级别。

"一级二级的自动驾驶，可以看作是低级别的自动驾驶，也就是我们俗称的驾驶辅助系统，到第三级，实际上是有人参与的人机共驾，到第四级，是叫有条件的高度的自动驾驶，到第五级，是完全的无人驾驶。"

这是全国首个可以上路的自动驾驶号牌，有了这个号牌，百度可以更多地在公开路段测试Apollo。做过机器学习的都知道，真实环境中的路测有多么重要，这对于数据收集、系统自己学习都很关键，而百度首先可以上路，与其他对手相比，其自动驾驶技术在中国的道路环境下未来可能就会更先进。

百度与政府紧密沟通合作，力争成为自动驾驶的标杆，这也有助于之后参与到各种规范中，并推进自己的自动驾驶更快落地。

2018年4月，继北京、上海、福建之后，重庆成为国内支持自动驾驶汽车路测的第四城。重庆自动驾驶管理联席小组相关领导向长安、百度、一汽、东风、广汽、吉利、北汽福田7家企业的自动驾驶汽车颁发了重庆首批自动驾驶汽车"路测"牌照。

2018年4月2日，百度与重庆小康工业集团有限公司（以下简称小康股份）签署战略合作框架协议，双方宣布在自动驾驶、车联网、云服务等领域达成深度合作。小康股份宣布成为百度Apollo自动驾驶开放平台合作伙伴，将深度参与Apollo生态的搭建和推进。双方未来将在自动驾驶、车联网、云服务、品牌推广及创新营销等领域展开多维度的深入合作。在自动驾驶领域，双方将于2020年前后，实现Apollo Pilot自动驾驶解决方案的L3级别的车型量产；于2021年前后，实现L4级别的自动驾驶车型量产。在车联网领域，双方将打造具备深度学习能力的AI智能网联汽车，在2018年量产新车型上实现Apollo小度车载系统等产品的全面搭载。

但是，自动驾驶的前途还是笼罩着一些不信任的声音。2016年1月20日，京港澳高速河北邯郸段发生一起严重的追尾事故。一辆白色特斯拉轿车在左侧第一车道行驶时，撞上了一辆正在前方实施作业的道路清扫车。这就是国内首起"特斯拉自动驾驶"车祸致死案，特斯拉车主高巨斌，也就是事故中死亡的车辆驾驶人高雅宁的父亲状告特斯拉中国公司一案，经过一年多的艰难审理有了最新的进展。

美国国家公路交通安全管理局近日也声称，一辆特斯拉Model S汽车在使用"自动驾驶"功能时发生了致命车祸。而这家机构目前正在对该事件发生时Model S车辆所使用的一切驾驶援助设施的设计和性能进行调查。

案例来源：根据《第一财经周刊》、钛媒体、网易财经等
商业媒体资料重新整理

讨论题：

你如何评价百度在无人驾驶汽车领域的竞争现况？

你对于未来百度在无人驾驶汽车领域的发展有何建议？

案例九 ▷ 宝洁的衰退

全球快消品巨头宝洁2016年销售额重回2006年的水平。数据显示，2017财年，这种趋势仍没有得到改善。在移动互联网时代，宝洁跌落神坛，其需要一场更加深刻的变革以证明自身的品牌价值和运营能力。

2018年2月宝洁发布的2018财年二季报显示，报告期内（2017年10月—12月）宝洁的销售额为173.95亿美元，同比上升3.2%，净利润为24.95亿美元，同比下降68.3%。宝洁净利润的下滑速度几乎可以用"恐怖"来形容。

更加糟糕的是，宝洁当前的销售额和营业水平倒退回到了十年前。公开数据显示，十年前的2006财年宝洁全年销售额

为682亿美元，营业收入为139亿美元。而2016财年销售额为653亿美元，营业收入134亿美元。2017年财年宝洁的销售额为651亿美元，基本与2016年持平。

这家消费品巨头需要一场极具勇气与智慧的变革，以证明它的这场衰退不是无可挽回的。

作为全球最大的消费品公司之一，宝洁对于中国消费者而言并不陌生。飘柔、海飞丝、潘婷、沙宣、碧浪、汰渍……在中国的一、二线城市，宝洁的产品一度通过商场、超市以及电视媒体包围了所有人的生活。然而，随着移动互联网的发展，近些年，更多的人可能会发现，除了电视离我们的生活越来越远之外，宝洁的产品也渐渐被其他产品所替代。这在另一面则意味着，宝洁的市场份额正在渐渐遭受蚕食。

在这个变化和不确定性成为常态的时代里，宝洁业绩出现颓势显然并不是个例外，但却是一个值得研究的范本。根植于工业时代的宝洁，擅长的是以大规模、低成本通过大渠道满足大部分消费者的需求，这也是宝洁的竞争优势所在。

在品牌端，宝洁可以重金拿下类似于央视这样的电视媒体黄金时段的广告投放权，并形成战略合作伙伴，在传播渠道和平台掌握在少数几个组织手中的时候，其他品牌要想进入消费者的视线难如登天。在渠道端，宝洁与沃尔玛等零售业巨头进行合作，可以在沃尔玛等零售巨头的扩张中，迅速地把产品带到更多消费者的面前。

然而，随着互联网特别是移动互联网的发展，信息传播渠道和商品零售渠道进入碎片化时代，此时消费群体也开始分化。一些小众产品、特殊功能产品开始更多地进入消费者的视野，宝洁的产品不再能满足分化的消费者需求。

例如，在中国市场，奉行多品牌战略的宝洁，其高端产品在消费升级的背景下已然沦为中端产品。原来消费者心中的高端洗发产品潘婷们，显然已经被资生堂、狮王甚至是云南白药等替代。那部分消费者自然也不再属于宝洁。而佳洁士等低端产品，则被舒克等国内品牌蚕食。

即便是在渠道端，宝洁的传统优势似乎也在减弱。近几年，沃尔玛等零售巨头的关店消息不时传出，而对于新兴的互联网渠道，作为传统日化巨头的宝洁，其优势显然也并不明显。

事实上，宝洁也在不断调整。瘦身、换帅、裁员、缩减预算等词汇这些年来一直围绕着宝洁。

以品牌瘦身来说，宝洁发展的高峰期，其旗下拥有品牌超过300多个。然而在2007年之后，宝洁开始以卖出为主。

2014年8月，时任宝洁首席执行官做出了被认为是宝洁

170多年来最疯狂、最激进的决定：即将通过出售、停产以及自然淘汰的方式剥离或退出旗下销售额低于1亿美元的90—100个非核心品牌。2017年，宝洁再次宣布将砍掉超过100个品牌，最终将全球品牌缩减至65个。

不断瘦身的同时，宝洁也被认为新品牌补充力度不足。2005年，宝洁曾花费570亿美元收购剃须护理品牌吉列，然而第三方数据统计显示，当前吉列在全球市场的份额已经从70%降到50%多。

从目前来看，这些调整显然效果有限。

"没有成功的企业，只有时代的企业"，这是中国企业家们最近几年使用频率最高的一句话。而这句话对于类似于宝洁这样的巨头或许也有巨大的借鉴意义。

当前特别是在宝洁的第二大市场——中国，消费升级趋势明显，在信息渠道分化的情况下，宝洁如何获取消费趋势信息，并依据信息迅速做出决策显得十分重要。显然，无论是在产品、品牌还是渠道上的每一种变化，都需要具备相应的组织能力保证决策的准确、迅速。

宝洁作为一家成熟的老牌公司，各种流程体系非常完善，但很多时候也意味着决策链条长、速度慢。恰如一位服务宝洁的广告公司所说的那样，"有时卖场要做一个应季的推广活动，等到宝洁批复时，节日已经过去了"。

企业的组织能力不能与市场发展的速度相匹配，必然会影响企业在各方面的创新能力。而组织能力本身不足也是企业创新观念缺乏的表现。对于宝洁来说，组织能力创新或许是最紧迫的任务。

案例来源：根据《第一财经周刊》、钛媒体、网易财经等
商业媒体资料重新整理

讨论题：
你认为宝洁应如何摆脱目前的困境？

案例十　酒仙网六年的坑

一个看似有千亿规模的大市场，至今电商渗透率不高，这就是酒行业。权威数据显示，2016年中国酒行业市场规模将突破万亿，但目前酒类电商的销售收入仅占1.3%。如同去非洲看到人们都赤脚的商人一样，悲观者认为没有市场，乐观者看出了机会，这就是酒业电商从业者们正在做的事情。

2015年11月9日，累计经过七轮融资的酒仙网在新三板挂牌。2009年成立至今6年的时间，中国酒业的电商该经历的阶段酒仙网都经历了。在目前平台型酒类电商平台上，市场份额最大的仍然是天猫和京东。《2015年酒业电商数据报告》显示，这两家之和占整个B2C酒业电商平台的四分之一。

目前，酒仙网除了传统的B2C，还有O2O酒快到、B2B团购以及为传统酒企提供互联网营销服务。酒仙网作为一家具备酒业电商"活化石"特质的企业，它所经历的电商形态比天猫、京东齐全，同时，一路摸索也积累了行业经验。酒仙网在创立之初的2009年，还是以电话销售为主，这种方式成本低，也拉低了酒的销售价格，但这对传统酒企固有的销售渠道带来了干扰，于是酒仙网在最初遭遇到封杀。

好在酒仙网创始人此前在山西创办百世集团时，累积了线下酒企的关系，再加上他奉行"不骂人、不打架、不称王、不称霸"的行事方式，最后与酒企的渠道冲突才略微变得缓和。而此时，传统酒企还处在发展的黄金十年，粗放、高利润、三公消费……对他们而言，有没有电商这个渠道都无所谓。

没多久，酒仙网从电话直销转向搭建自己的平台，是B2C模式运作的雏形，但这种模式并不顺利。"电商没有看起来那么好，细算下来，运作成本高于线下20%—30%，电商运作成本有物流成本、仓储成本、货损成本、电话成本、流量成本、技术成本等等",每一个环节都需要控制收支。

酒仙网在这一时期选择入驻天猫和京东,形成垂直电商与平台电商相结合的"十字架战略":交叉覆盖便于提升话语权,从渠道效率来讲,传统酒企的渠道在3—5级,每一级加价15%左右,酒仙网消除了这个渠道耗损,补贴在流量耗损以及其他物流仓储等的运作上,这样下来,相同的酒做下来还是比传统渠道便宜。

2014年,酒仙网与泸州老窖做了一款互联网专供酒"三人炫"。2014年年底,三人炫的销量达到预期。主打互联网定制酒,一方面迎合了新兴消费群体的需求,另一方面,也很好地解决了电商与传统酒企线上线下的冲突问题。"酒企电商做得不好,有一个误区,就是很多酒企的电商业务部门都被定义为新渠道部,只是营销4P中的一个P渠道(place),我认为这是对电商最大的误解。电商绝不仅仅是产品销售的渠道和手段,而是一种互联网思维方式,其本质在于突破并颠覆。"宋河粮液的电商经理人是这样总结的。

目前酒仙网的产品结构中,B2C仍然占据大盘,在自建仓储物流方面打造核心竞争力,酒仙网是国内为数不多自建仓储体系的酒类电商,在天津、上海、广州、武汉、成都等地设置了总面积达到20万平方米的五大运营中心。

到2015年,酒业已经是另一个生态,由于三公消费受到限制，许多传统酒企开始告别高枕无忧的高毛利时代，转而寻找精细化运作的方式，而电商是它们绕不开的一个话题。此时，酒业电商也有几个梯队，大平台当数天猫、京东，垂直平台以酒仙网为代表，行业竞争也在加剧。如酒仙网的创始人在上市庆祝酒会上所言："上市只是一个新的开始。"

案例来源：根据《第一财经周刊》、钛媒体、网易财经等
商业媒体资料重新整理

讨论题：

如何评价酒仙网在渠道建设中的不同阶段的成败？酒仙网未来应如何发展？

人物设定实战案例解析

老师：现在请同学给我简单的做一些自我介绍，从大学开始讲起，请你开始。

学生：我大学有做了一些有意思的事情，我本身是编辑出版学专业的，我所在的组会产出一些比较有趣比较有创意性的作业，通常也会得到老师的好评，就是因为我们的角度会更新颖一点，我们做的作业会更加生活化，会更受学生和老师的好评，这是一个部分。

另外一个部分是我参加了摄影协会，是贯穿我整个大学生涯的，我在摄影协会里面收获到很多，并且也拿过国家级、省级、校级的一些摄影的奖项。

在摄影协会里面我有一些管理经验，我对协会的公众号管理的并不是很满意，在协会里面挑了几个我的学弟学妹，然后就私自组建了新媒体小管理小组，因为本来新媒体是属于一个部门去管理的，然后我偷偷建立起了这个小组，把管理权拿过来。

以前可能一篇文章只有300阅读量，然后我写完之后，传播率可以到3万左右。2012年是公众号刚刚出来没多久的时候，我能够有这样的成绩其实是不错的。除了在内容上面，我还在学校里面做了很多活动，包括帮助协会去招新等等，让当时招新的效果跟往常是非常不一样的。

　　我的行为其实是产生了一些盈利效果，因为当时有一些商家上来跟我们说谈合作，谈一些广告置换或者广告投放，这也相当于我第一次实践了自己的一个商业方案的经历。

　　我除了有这份经历之外，后面凭借着自己在公众号运营这件事情的一些优势，会有社会上的一些商家的需求，比如说我甚至后来创业的时候的第一个客户也是从这个阶段发酵的，XX婚纱公司。就在大四那一年就有很多商家来找我了，那个时候也算是小小的创业机会，也跟一些师兄师师姐做了一些小的项目，包括h5的开发等等的，在那个年代就有了，在大四的学习就有了，而且我的这些经验也帮助了我后面找到了一些实习。

　　我有在XX画报里面做过策划的实习，当时就已经开始去对接外部供应商，而且供应商是我自己挑选得，我引入资源去帮客户完善了情人节的项目，那个项目是和XX合作的，那时也是我经历最大金额的一个项目，达到了40万，主要是帮他们做了h5页面宣传，做了一些杂志上的专访的栏目。

　　新媒体小组为我开启了一扇门，让我踏进了新媒体运营的一个世界里面，帮助我获取了我人生比较好的实习工作机会，获取了第一个客户。也相当于借助这次机会，在我后来创业的时候遇到了我的合伙人，这个是我大学的一些闪光点。

　　老师：接着再讲工作。

学生：因为前面的这些经历，因为摄影协会号的运作经历，我在一家老牌摄影网站工作转正了，这是一家在PC时代的老牌摄影网站。我进去在里面是做他们的新媒体运营和网站的运营，我也做出了一些成绩，我两个月内将它的公众号的粉丝数翻了倍，然后也写出了10万＋的爆文。

我还做了社群的运营，就是打造了个人IP，将我自己的一个名字做成了他们的小编号，然后小编号去做社群活动。这个是当年在罗胖还在做社群运营这个概念的时候，我已经开始用这个概念去帮助我的工作，获取了两个月翻倍，就是增了6万粉的这样的一个成绩了。

因为有了10万＋和增粉的一个经历，就在一些新媒体运营的社群里面，跟我后来的合伙人搭上了关系，因为他觉得这个小女孩还没毕业，就在社区里面玩得那么开，所以他就问我要不要一起合伙做这家公司。

我就开始了正式的创业经历，这个经历其实是持续了6年，直到2021年的12月份，我管理着6到10人的一个规模，营业额从0开始，到了最辉煌的时候差不多有1000万，我们最高的人效能够突破130万。

这个过程里面我们也有一些不断迭代的经历，因为我在这家公司里面，主要负责的是项目管理和团队的管理，带领整个团队去升级我们的业务能力。

比如说，在最开始第一年的时候，我们只能接6 000到1万单价的项目；然后不断地升级，到了3万到10万的双微推广，这个时候不仅仅是代运营了，还会有营销推广的项目；然后再到2017—2018年，我们单个项目的能力已经达到了50万到400万。

我们从6 000一个的项目，到了50万再到400万的年度整合营销项目或者是全网种草的项目，这6年来我不断地迭代我们公司的业务能力。其中一个里程碑是2017年底，我们通过了全国优秀创意营销公司多轮PK，成为天猫聚划算首批官方认证合作机构，然后我们就开始去开拓高单价、更策略性的一些业务了。

我们的客单价提高到50万到几百万这样的一个成绩，我在这6年也从一个代运营的项目经理，然后慢慢成为管理公司95%业务的一个项目总监，陪伴着公司的营业额快速增长，甚至是翻倍的这样的一个成绩。我经历了公司营业额从0到千万级的一个突破，净利润从10%升到30%的整个过程。

老师：现在做什么？

学生：这也是我现在的问题，因为我自己梳理了一下，我在广告公司感受到了天花板，虽然我在不断迭代升级，但是我已经触碰到广告公司的上升瓶颈了，所以我觉得我有一些问题想要去解决。

第一，我觉得我的管理经验太少了，想要一个更大的管理经验平台，需要一些更系统的管理知识，甚至是财务知识，因为之前财务这边不归我管。

第二，我以前是在乙方的公司，对于品牌的理解可能会更浅一点，然后我想从生意的角度更全面地去理解一个品牌，甚至是市场营销能力。

第三，这6年的一个创业经验，其实还是比较浅显的，所以我想再进一步地提高自己的战略眼光，然后去储备积累更多创新创业的能力。

所以，我去年年底就决定要离开自己亲手打造的团队，现在是进入了户外行业的电商领域，然后也准备在这个时间段报考MBA。

我进入甲方其实是希望通过实战的方式，提升自己的管理能力，从生意的维度去看一个品牌是怎么诞生，一个产品是怎么送到客户的手里，怎么去考量成本，怎么去规划预算等，然后我希望通过3到5年的时间能够成为一个品类的负责人。

我报考MBA是觉得之前的知识都是通过自学的方式了解的，但是我希望通过MBA学习能够系统化地去充实自己的管理能力，还有财务相关的一些知识，也能够拓展自己在人脉上的关系，后续不管是做自己的品牌，还是重新去创业，能够奠定一下基础。

所以我就做了这样的动作，跳槽了去户外电商行业，然后自己也准备报考MBA。

- -

让我们简单地复盘一下这个学生的个人简介，缺点还是很明显的：

首次，缺少时间、地点、人物的匹配关系，听得人一头雾水。

其次，内容有跳跃穿插，而且穿插没有逻辑，受众听得很费力。

最关键的是，她仅仅讲了一些事实，但是没有证明她已经具备了充分的职场竞争力，这个职场竞争力是什么，为什么现在需要报考MBA，读了MBA之后的职场发展是不是有想象空间。

也就是说，她的素材和话语虽然很多，但是完全没有实现面试的目的。

经过笔者的采访引导和内容整理，这名学生在课程后重新对自己的人物设定文案修改如下：

- -

我是XXX，至今已有7年工作经验。我是一直致力于为电商品牌提供整合营销的新媒体人（点评：一句话的职场主线提炼）。

2011年至2015年期间，我于XXXXXXXX的编辑出版学专业学习，在大学期间里面我就非常注重知行合一，将自己的所学跟新媒体的行业进行产研的合一。

在校期间里面我就运营学校官方的摄影协会的公众号，使得我在新媒体的内容和社区运营方面有了自己深刻的了解。在运营的两年时间里面就有大量的商业合作案例，同时也在国家级摄影大赛里斩获大奖。

基于我这样的一个实践经验，我在学校期间里面就已经开始给多家公司进行公众号搭建、图片拍摄、内容撰写，以及h5项目开发等合作。（点评：教育经历和职业主线结合）

2015年8月份到2021年的12月份，我毕业之后就与三个合伙人共同创造了XXXXX网络科技有限公司，管理着6-10人的规模。这家公司是致力于围绕女性日常消费赛道的电商品牌或互联网平台去做提供线上的品牌营销和整合营销的一家专业的广告公司。

6年间，在我的亲手运营之下，XXX经历了不断的迭代与升级：

从客户维度上，我们服务的品牌有比较多的知名品牌，包括天猫聚划算、华为、携程、欧派、冈本、立白集团、梵蜜琳、极男、recipe、西门子等品牌。

从营业额角度看，我们6年来从0到最高突破千万级，人均人效最高突破130万的人均人效，净利润从10%增长到30%。

在行业知名度上，我们在2017年底的时候，通过层层PK，正式成为天猫官方首批合作认证伙伴，拥有主动向天猫策划S级和A级的营销活动的权利。（点评：学生学会了总分总的表达形式，三个维度符合MECE互斥且穷尽原则）

我作为这家公司的业务副总经理，一直带领了6到10个人的团队，在这6年的创业的经历中，凝练出了在新媒体领域上的品牌宣传、社群运营、内容创作三个方面的新媒体宣传的全面认知，形成了自己在电子信息商务时代的广告人的完整工作方法论。（点评：这里是一个非常关键的回踩点，是说她在新媒体中具备的核心竞争力——方法论，从而支撑她未来的职场发展想象空间，当然也是被后期老师询问的重点，需要准备好内容和案例）

2011年至2021年的十年电商发展进程中，年复增长率是非常高的，其中2016年至2020年年复合增长率为9.27%。

其中，女性作为互联网电商消费力最大群体，并且是最容受影响的群体，所以我们当时选择女性赛道。而进入现在的后疫情时代，在经济发展、政策支持和疫情等多重原因催化下，国内户外运动市场得以快速发展，2020年期间，露营、房车旅行等热度都获得了200%—300%的增长。

由于我在前面6年里面锻炼出来新媒体运营的方法论与认知，结合我自身热爱潜水、滑雪等户外活动，我有信心能够更好地理解户外行业及其产品，在2022年5月的时候，我进入了XXX。这是一家专注于在户外的产品和装备领域中知名的国货品牌，尤其是在XX的这个领域里面，占领全球市场份额前三。

目前我任职电商中心的策划经理，带领10-14人的团队，而我的团队主要负责以下三方面的工作：

首先是新品拓展的项目：我们现在已经在为2023年春夏秋冬的品类做新品的规划，其中负责的2023年以及春夏的超薄风衣与速干T-shirt，以及秋冬的羽绒服，围绕这三个大品类去做产品规划与推广计划，其中羽绒服是电商销售占比重头，高达70%，因此是我们的重点项目。

其次是推广运营，我进入了XXX以后，重新搭建起了抖音运营的小组以及媒介小组，重新梳理包括抖音、小红书、视频号为主的站外新媒体矩阵，与天猫京东为主的站内内容运营板块，把控优质内容为销售提供支持。

第三部分是电商事件营销策划，我们现在准备为2022年秋冬筹备京东的超品日以及天猫的欢聚日，两档S级的电商活动。

未来3年，我希望能够从一名新媒体整合营销的专家升级为一个品类的总负责人（点评：主线的延伸，也就是发展空间和职场规划），而在这个转变的过程中，我意识到我有三个能力短板：

第一个，我作为一名营销人，只有营销链条上的知识，但在产品链、供应链、财务链与人事链的相关知识是非常缺乏的。

第二个，过去到现在管理规模都在6—14人之间，但成为一个品类管理人，需要管理40—50人的团队规模，这对我的领导力提出了更高的要求。

第三个，从单纯的营销人转变为品类的总负责人，需要有更强的消费环境的敏锐的观察力和战略眼光。（点评：读书的动机体现）

基于对这三个缺陷的认知，我希望能进入致力于培养"XXXXXXXXXX"的XX MBA学习，通过XX MBA课程体系的学习，不仅能解答我以上的困惑，还能为我成为品类负责人、甚至未来5-10年成长为CMO奠定系统理论基础。（点评：自己职场发展需求和对方的供给完美匹配）

– –

我们看到现在的文案已经充分地将她所有的经历（工作、教育）都放在了一个主线上：新媒体，展现了一名新媒体人的成长和历练的不同阶段，有力地证明了她具备了很强的职场竞争力，对未来也具有清晰规划的。

这个时候她的动机就是充分策划好的，有良好的行为和目的动机，那么对方也很愿意给予她这个机会。

同时，在整理这个文案的时候，她学会了总分总的语言逻辑，学会了分点论证的方法，学会了时间和空间的对应关系，这是所有工作场景都必需的能力。

这些能力不仅仅是用于面试中，而是职场生涯和社会生活中都需要的。

笔者的课程不仅仅想让你拿个好的学校Offer，而是借假修真，让你更好地看清这个世界。

以这个文案为基础，她已经可以回答三个面试常见问题了：

第一，请自我介绍（过去）；

第二，未来来读书（现在）；

第三，将来做什么（将来）。

个人面试中，请不要一个问题、一个问题地回答，而是要把所有的问题，都回到一个原点进行思考后的延伸，这个原点就是：

你到底是谁呀？

如果你自己都不知道你自己是谁，你怎么在求职、求学中脱颖而出？

这就是人物设定。

当然，这个工具需要教练的引导，因为一个人是无法拽着自己的头发把自己提起来的，需要一个更高视野和格局的人帮你。

这个在培训中被称为：教练技术。

这个工具还有第二阶段，第一个阶段仅仅是说明了"我是谁"的问题，第二个阶段需要对对方谨慎和怀疑的关键点进行提前准备。

没有一个人是完美的，所以你的人物设定一定有逻辑转折上的硬伤，这就需要你提前准备好。

以这个案例来说明，这名同学人物设定的逻辑转折有哪些关键点值得注意，也是在面试中很有可能被问到的问题：

第一，你的方法论是什么？是不是有效？请提供案例说明。

第二，为什么从女性赛道来到了户外赛道？

第三，你的三个能力短板和我的供给（招生简章）之间是不是有逻辑对应关系？

第四，现在工作的三大板块和你的方法论之间是一一对应关系吗？你怎样在现在工作中使用了你的新媒体认知方法论？

第五，你未来还会创业吗？

第六，你对户外赛道看好吗？这个赛道未来发展趋势如何？你还会更换赛道吗？

这些问题的答案，其实在第一阶段的文案中已经有伏笔和答案了，但是需要这名同学进一步的细化和准备。

现在，面试中所有的问题，这名同学都已经准备完毕了。

熊彼特说，创新不是从无到有，是已有元素的重新组合。

我相信你已经通过以上的案例，很清楚地理解了为什么面试之前一定要做人物设定。

所有的问题的答案，都是来自你是谁的原点（人物设定）。

择校档次自测表

很多同学在准备报考MBA择校的时候，都有一些困惑：

● 什么样的项目适合我？
● 我应该报考什么档次的学校？

这里，笔者根据多年的教学经验，结合目前的考研的态势，提供一个计算评分公式，帮助你快捷地选出适合自己实力的院校MBA项目，该评分公式仅供参考。

关于各大院校的档位并不代表该院校的实力和教学质量，仅仅是教学中的实际报考难度简单感知分类。

测评公式
（满分70分）

1. 毕业院校维度

● 海外知名院校硕士……10分
● 北清复交硕士……10分
● 985硕士……8分
● 其他硕士……7分
● 985本科……5分
● 海外本科……4分
● 211本科……4分
● 其他本科……3分

- 专升本……1分

2. 收入维度

- 年收入100万以上……10分
- 年收入50万–100万……8分
- 年收入35万–50万……6分
- 年收入25–35万……4分
- 年收入15–25万……2分
- 年收入低于15万……1分

3. 管理维度

- 直接下属员工20人以上……10分
- 直接下属员工10–20人……6分
- 直接下属员工5–10人……5分
- 直接下属员工1–5人……4分
- 没有直接下属但是有项目经验……3分
- 没有直接下属并且没有项目经验……1分

4. 行业维度

- 国家重点科创行业……10分
- 科创型行业……9分
- 普通维持行业……8分
- 有衰退迹象行业……6分
- 近期爆雷较多行业……4分

5. 职能维度

- 战略……10分

- 金融、行业专家……9分

- 关键性支撑职能:采购、供应链管理、科研、法务、律师……
  7分

- 业务类职能:产品、技术、设计、项目管理、运营……
  7分

- 创新类职能:传媒、咨询、数据分析……7分

- 支持性技术职能:人事、财务、培训(教师)、政府关系……
  6分

- 销售类职能:业务拓展、市场营销、销售……6分

- 管理培训生……5分

6. 家庭维度

- 家庭有重大资产项目或者知名人物……10分

- 家庭为教授、较大规模企业家和处级干部以上……8分

- 家庭为一线城市的企业内部管理人员……6分

- 家庭为普通城市的企业内部管理人员……5分

- 家庭普通……4分

7. 年龄维度

- 工作六年至九年……10分

- 工作十年至十二年……8分

- 工作五年至六年……8分
- 工作十二年至十五年……6分
- 工作四年……6分
- 工作三年……3分
- 工作十五年以上……2分

人物主线（扣分项目）：

清晰地表达出自己的职场发展主线：不扣分

能够完整讲述经历但是并不能准确认知职业核心主线：扣5分

只能机械复述个人简历：扣10分

请你计算自己的分数，写在下方：

你的得分：(   )

- 50分以上，经过完整人物设定思考后，可以考虑清华、北大；
- 45分以上，经过完整人物设定思考后，可以考虑复旦、交大；
- 40分以上，经过完整人物设定思考后，可以考虑：中大、浙大、人大、武大、厦大、同济、华东师范、中国科技大学、上海财经大学；
- 35分以上，经过完整人物设定思考后，可以考虑：

西安交大、南京大学、南开、中南大学、天津大学、大连理工、北航、电子科技大、哈尔滨工业、东北大学、哈尔滨工程、西安电子大学、北京科技大学、华中师范大学、苏州大学；

- 30分以上，经过完整人物设定思考后，可以考虑：
  四川大学、山东大学、东南大学、吉林大学、湖南大学、江南大学、重庆大学、上海大学、郑州大学、北京理工、中国农大、西南大学、华南理工、华东理工大学、江苏大学；

- 25分以上，经过完整人物设定思考后，可以考虑：
  兰州大学、西北大学、西北工业、中国海洋大学、河海大学。

以上为针对国内部分商学院的报考建议，档位可能随着地区经济发展和报考需求不断变化，仅供参考。

结　语

结合多年的教学经验和三千多个教学样本，本书终于和读者见面了，由于本人的水平有限，存在诸多的不足，请各位读者谅解。

在本书的最后，我们再次一起回顾一下本书的主要内容：

- 第一章主要阐述了经验思维、管理思维和兵法思维的内容和实际应用方法；
- 第二章主要介绍了十二类案例的知识点，糅合了管理学、战略学、市场营销学和经济学；
- 第三章主要介绍了个人面试中的三种问题，对于问题应该如何回答有较为详细的实例解释；
- 第四章主要介绍了英文组面和英文个面问题的回答方法，以应试为主。

掌握以上内容，对于读者将来通过各类院校的MBA入学面试应有莫大禅益。

　　"纸上得来终觉浅，绝知此事要躬行"。虽然本书已经将组面和个面的知识要素较为完整地提炼给读者，但是离熟练应用还是有一定差距的。读者在了解这些知识点后，更重要的是要演练和实操，才能将这些为自己所用。

　　欢迎你们联系我们！记得将你们的心得、意见，以及你们的成功、喜悦分享给我们。

　　作者个人微信公众号：**勤思昊学**

　　邮箱：guanhao1999@hotmail.com

参考文献

[1] 鲁森斯. 组织行为学 [M]. 王垒, 译. 北京: 人民邮电出版社, 2003.

[2] 科特等. 领导 [M]. 思铭, 译. 北京: 中国人民大学出版社, 1999.

[3] 阿尔文·托夫勒. 权力的转移 [M]. 吴迎春, 傅凌, 译. 北京: 中信出版社, 2006.

[4] H. 克雷格·彼得森, W. 克里斯·刘易斯. 管理经济学(第三版) [M]. 吴德庆, 译. 中国人民大学出版社, 2001.

[5] 迈克尔·波特. 竞争战略 [M]. 陈小悦, 译. 北京: 华夏出版社, 1997.

[6] 菲利普·科特勒, 洪瑞云, 梁绍明. 营销管理 [M]. 梅清豪, 译. 北京: 中国人民大学出版社, 1999.

[7] 弗雷德·R. 戴维. 战略管理(第八版) [M]. 李克宁, 译. 北京: 经济科学出版社, 2002.

[8] 郁义鸿, 于立宏. 管理经济学——企业经营决策的经济分析 [M]. 北京: 高等教育出版社, 2006.

[9] 包昌火. 竞争情报与企业竞争 [M]. 北京: 华夏出版社,

2001.

[10] 郑丽君.市场价格学概论[M].北京：人民交通出版社，
    1997.

[11] 许庆瑞.管理学[M].北京：高等教育出版社，1997.

[12] 李晓蕊.管理学必备兵学谋略与运筹技巧[M].北京：企业
    管理出版社，2006.

图书在版编目(CIP)数据

MBA 面试高分秘籍/关昊著. —上海：复旦大学出版社,2016.1(2023.2 重印)
ISBN 978-7-309-11846-9

Ⅰ. M… Ⅱ. 关… Ⅲ. 工商行政管理-研究生-入学考试-自学参考资料 Ⅳ. F203.9

中国版本图书馆 CIP 数据核字(2015)第 231130 号

MBA 面试高分秘籍
关 昊 著
责任编辑/岑品杰

复旦大学出版社有限公司出版发行
上海市国权路 579 号 邮编：200433
网址：fupnet@ fudanpress.com http://www.fudanpress.com
门市零售：86-21-65102580 团体订购：86-21-65104505
出版部电话：86-21-65642845
上海崇明裕安印刷厂

开本 890×1240 1/32 印张 10 字数 215 千
2016 年 1 月第 1 版
2023 年 2 月第 1 版第 5 次印刷

ISBN 978-7-309-11846-9/F · 2208
定价：35.00